들어가는 말

찬란한 문화를 자랑하는 우리나라에 세계적인 문자인 한글이 구심점 역할을 하는 것을, 한글을 알거나 사용하는 세계에서는 부인할 수 없는 사실이다. 우리가 초고속 성장으로 전후 70년 만에 선진국 반열에 오르고, IT강국으로 자리매김할 수 있었던 것은, 우리국민의 근면 성실함과 높은 교육열도 있지만, 훈민정음으로 비롯된 한글이 있었기에 가능한 일이었다.

훌륭하다고 자랑만 늘어놓는 훈민정음을 이제는 전 국민이 제대로 알고 설명할 수 있어야 하지 않을까 생각한다.『훈민정흠 해례본』이 국보이면서 세계기록유산임에도 해석조차 어려운 것이 현실이다. 책자가 한자 책이요, 내용도 음양오행과 삼재에 맞춰 전개되기 때문이다.

주역에서 비롯된 음양오행과 천지인삼재 철학사상을 보면,
조선시대 거유 퇴계 이황선생은 [성학십도]를, 율곡 이이선생은 [성학집요]를 지어 나이어린 선조임금께 바치며 선정을 간언하였다. 두 저작물의 내용전개가 음양오행과 천지인삼재의 우주관 내지 자연관을 필두로 하고 있다. 뿐만 아니라 조선시대 어린이 학습서인 [계몽편]·[동몽선습]·[추구]·[천자문] 등도 마찬가지다. 이러한 우리의 고유한 전통사상이 언제부턴가 미신이라 치부되고, 제도권 교육에서 외면되어 전통과의 맥락이 끊어졌다. 태극기·경복궁·경회루도 음양오행에 근거하고, 우리 한글은 음양오행·천지인삼재의 요체이거늘 미신의 기준이 무엇이란 말인가? 일제의 잔재로 치부하면 좀 위안이 될 것인가?

이에 저자는 [하늘 땅 사람 훈민정흠] 제목의 훈민정음 해설서를 도식화 하여 편찬했었는바, 원문을 최대한 존중한 탓에 한글세대 독자들이 어려워함을 보았다. 이에 가능한 한 한글화 된 내용으로, 최대한 이해하기 쉬운 훈민정음 해설을 해본다. 세종임금과 집현전 8학사들이 전달하고자 했던 우리글의 천지자연·우주적인 깊고도 미묘한 의미를 좀 더 많은 사람 나아가 세계에 쉽게 널리 전달하고자 할 따름이다.

2022년 여름에 **벽창래 강구인**

추천사 1

6백여 년 전 새로운 문자가 동방의 작은 나라에서 섬광처럼 《훈민정음》이라는 이름으로 우리 곁에 다가왔다.

세종대왕이 우리 민족에게 하사한 위대한 선물 《훈민정음》은 그야말로 역사를 통째로 갈아엎는 거대한 파도였다. 그 일은 가히 문자혁명이었고, 세기의 대변환이었으며, 우리 민족의 변치 않는 태양 빛을 얻게 된 불후의 금자탑이었다.

기하학적이고 단순명료하며, 과학적이면서 내적 질서가 정연하고, 우주의 이치를 담은 선명한 글꼴 구조. 이러한 특성이 있는 훈민정음의 모습은 바로 우리 한민족에 대한 자존심을 세우려는 자각이었다.

《훈민정음》이라는 이름에는 백성을 어여삐 살피는 긍휼한 마음이 깔려있고, 백성을 사랑한다는 고백이며, 우리 말이 중국과 다름을 뼈저리게 인식한 문화적 주체성을 천명한 고고한 뜻이 담겨있다. 조선 초기 엄청난 한자 문화의 중력 속에서 백성을 위한 보다 쉬운 새로운 문자 스물여덟 자를 창제해내었다는 사실은 충격이자 기적 같은 일이었다.

쉽고 간명하며 체계적인 문자 《훈민정음》, 스물여덟 자 밖에 안되는 그것은 무궁무진한 작용성을 발휘하는 전대미문(前代未聞)의 문자혁명이었다.

지금을 살아가는 우리는 세계에서 가장 자랑할 수 있는 문화적 자산인 《훈민정음》의 원리를 찬란한 역사 속에서 살아 숨 쉬게 하려면 전통을 계승해야 한다. 그래서 《훈민정음》이 시대를 넘나드는 상상력의 불꽃이 번뜩이는 문화적, 실험적, 전위적, 통변적, 소프트웨어로서의 장점이 있다는 것을 바르게 알리는 훈민정음 해설사를 양성하고자 하는 이때 훈민정음기념사업회 교육원장의 중책을 맡은 강구인 선생이 역저(力著) 『하늘·땅·사람 훈민정음』을 한글 세대가 쉽게 접할 수 있도록 『하늘·땅·사람 훈민정음』 「한글판」을 내놓게 됨을 경하해 마지않으며 독자의 입장에서 수불석권하시는 저자의 열정에 찬사를 보낸다.

또한, 이 책을 통해서 오랜 실록의 흔적이 가늘지만 도도한 강물처럼 흘러온 역사를 통해 잊을 수 없는 이름 《훈민정음》이 가진 당돌함과 생명력 있는 미의식과 자긍심이 담긴 창작 의식이 미래에도 면면히 살아 숨 쉬도록 시간의 배를 타고 시간이 걸리더라도 한없이 과거로의 여행을 떠날 수 있는 대한국인이 되기를 희망한다.

훈민정음 창제 578(2022)년 7월 8일
사단법인 훈민정음기념사업회
이사장 교육학 박사 **박재성**

내가 훈민정음에 매력을 느꼈던 것은 고교 3학년 때 훈민정음 언해본을 배울 때였다. 그것이 대학을 국어교육과로 진로를 정하는데 쐐기를 박았고 이후 대학원에서 국어학을 전공하는 계기가 되었다. 학부시절 훈민정음 제자원리를 하나하나 알아가며 이 책 저 책을 빌리거나 사서 보면서 그 오묘함에 밤을 지새운 적이 한두 번이 아니었다. 후일 인터넷에 공개된 조선왕조실록의 세종 편을 보며 더 감탄하기도 했고 표면적인 창제 동기와 이면의 구실이 다르다는 학자들의 논문에 실망하기도 했다.

그리고 여러 사정으로 대학원 국어학 박사과정을 중간에 그만두고 학교 현장에서 학생들에게 훈민정음을 가르치며 한 번도 자부심을 느끼지 않은 적이 없었다.

그리고 나서 세월이 흘러 이순을 넘기고, 국어강의에서 한발 물러나 있던 차에 또 훈민정음에 대한 새로운 오묘함을 알게 되었는데, 그것은 강구인 군의 노작으로 인하여 얻게 된 것이었다. 강 군은 나의 제205전투경찰대 전우로 평범한 건축공학도이자 공무원이었다. 40여 년 전 서해 해안선에서 바닷바람 맞으면서 고생했던 일만 기억되었던 그가 음양오행으로 훈민정음을 이해하는 교양서를 펴냈다는 것이 내겐 충격이자 반성의 계기가 되었다. 기타를 잘 치고 풍류를 즐기며 서예를 병행하는 사람으로만 알던 강 군을 이제는 학자의 무리에 포함하여 기억해야 하겠다. 훈민정음을 경전의 반열에 올려도 된다는 그의 견해에 놀라움도 금할 길 없다.

새롭고 재미있는, 의미 있고 오묘한 이치로 다시 읽어가야 할 훈민정음. 이 책이 널리 읽히길 기대한다.

유웨이중앙교육 교육평가연구소장 이만기

訓民正音

목차

표지 제호
하늘땅사람 : 운곡 김동연
훈 민 정 흠 : 경산 박재성

참고문헌

하늘 땅 사람 훈민정음 〈강구인 2022 훈민정음(주)〉

셍종엉졩훈민졍흠총록 〈박재성 2020 [주]문자교육〉

신강 훈민정음 〈서병국 1975 경북대학교 출판부〉

소설로 만나는 세종실록 속 훈민정음 〈박재성 2022 훈민정음(주)〉

언문 〈홍현보 2019 이회〉

훈민정음의 길 신미평전 〈박해진 2015 도서출판 나녹〉

훈민정음 해례본 입체강독본 〈김슬옹 2017 ㈜박이정〉

한글의 발명 〈정광 2015 김영사〉

쉽게 읽는 월인석보 서 〈나찬연 2018 경진출판〉

주해 장경 〈오상익 1993 동학사〉

역으로 보는 동양 천문 이야기 〈강진원 2009 정신세계사〉

음양오행론의 역사와 원리 〈김기승·이상천 2017 다산글방〉

음양오행으로 가는 길 〈전창선·어윤형 2019 와이겔리〉

한국의 풍수 〈무라야마 지준, 정현우 역 1992 명문당〉

대산 주역강의 〈김석진 2015 한길사〉

주역계사 강의 〈남회근 2011 도서출판 부키〉

성학집요 이이 〈김태완 2021 청어람미디어〉

관자 관중 〈김필수외 3인 옮김 2016 소나무〉

회남자 유안 〈안길환 옮김 2001 명문당〉

가원 천자문 대관 〈이윤숙 2020 도서출판 경연서원〉

채근담 〈임동석 2013 동서문화사〉

논어집주 〈성백효 2014 전통문화연구회〉

법언 양웅 〈이준영해역 2015 도서출판 자유문고〉

양화소록 강희안 〈이종묵 역해 2012 아카넷〉

한한대자전漢韓大字典 〈2020 민중서림〉

참고 사이트

조선왕조실록 http://sillok.history.go.kr/

편저자

벽창래碧昌來 강구인姜求仁

1960년 여주에서 태어남. 진주 강씨 박사공파 28세 손.

충북대 건축공학과 졸업, 용인시청 지방공무원 30년 근무.

평안도 창성군 청산면 상경동 압록강변은 강씨 집성촌으로, 벽창우碧昌牛란 한우로 유명하며,

저자 아호[碧昌來]의 근원이기도 하다.

고조부[진수眞秀 1814~1875]께서 15가구의 식솔과 1800년대 중반에 십승지十勝地인 풍기 소백산자락으로

남하하면서 후손들이 현재 대한민국에 태어나 살게 되었음에 감사드린다.

- 제8회 전국 시조·가사 창작 공모전 장원 [2007, 담양군]

훈민정흠과의 인연은

① 박사공파 8세世 조부 완역재 강석덕[玩易齋 碩德 1395~1459] 할아버님계서는 부인이 청송 심深씨 소헌왕후 자매로 세종
임금과 동서간이고, 주역에 능통[玩易:역을 가지고 놀다]하셨다. 아드님이신 9세 희맹[希孟 1424~1483]할아버님의 형님이
8학사인 희안[希顔 1418~1465]할아버님이시다.

② 수학한 여주중학교가 영·영릉英寧陵에서 가까운 곳이라 세종 임금 묘소를 자주 놀러 다녔다.

③ (사)훈민정음기념사업회 교육원장

④ [하늘 땅 사람 훈민정흠] 편저 〈2022〉

쉽게 읽기

• 내용전개는 훈민정음해례본 원문 순서대로 해설을 덧붙인다.

• 훈민정음 해례본의 한자는 꼭 필요한 경우만 표기하되 한글 독음을 표시한다.

• 훈민정음해례본의 초성·중성·종성은 첫소리·가운뎃소리·끝소리로 표현한다.

• 「훈민정흠」 첫소리와 가운뎃소리 발음은 해례본과 언해본 및 최세진 선생의 훈몽자회를 참고하여 다음과 같이 통일한다.

첫소리	ㄱ ㅋ ㆁ ㄷ ㅌ ㄴ ㅂ ㅍ ㅁ ㅈ ㅊ ㅅ ㆆ ㅎ ㅇ ㄹ ㅿ	가운뎃소리	· ㅡ ㅣ ㅗ ㅏ ㅜ ㅓ ㅛ ㅑ ㅠ ㅕ
발음	기 키 이 디 티 니 비 피 미 지 치 시 이 히 이 리 이	발음	아 으 이 오 아 우 어 요 야 유 여

• 오행 방위는 아래를 북쪽, 왼쪽을 동쪽, 위를 남쪽, 오른쪽을 서쪽으로 한다.

훈민정음
창제 및 반포

창　　제 : 1443년 음력 12월 / 세종25년
창제자 : 세종임금
반　　포 : 1446년 음력 9월 상한上澣 / 세종 28년[33개월]
글자수 : 28자 [첫소리 17자, 가운뎃소리 11자]
기념일 : 가갸날[1926년 음9.26 조선어 연구회]　　　　　　한글날[10월 9일〈1446년 음9월 상한 반포〉]
　　　　　조선글날[북한1월 15일〈1443년 음12월 30일 창제 기록〉]　조선어 문자의 날[중국 옌벤 조선족, 매년 9월 2일]

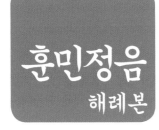

훈민정음
해례본

책장수 : 33장 1책
구성
　– 본문 [어제 서문 54자, 예의]
　– 해례 [5해 1례 : 제자·초·중·종성·합자해·용자례]
　– 정인지서문 [창제목적·창제자·우수성·편찬일·편찬자〈8학사學士〉]
　　• 8학사 : 정인지·최항·박팽년·신숙주·성삼문·이개·이선로·강희안

국보 70 호 [1962년]
유네스코 세계 기록 유산 [1997년 10월]
소장 : 간송澗松미술관 [전형필全鎣弼]
발견 : 1940년. 안동 와룡면 가야리 광산김씨 긍구당의 사위 이용준이 발견하여
　　　당시 재학 중이던 경성제국대학[서울대학교 전신] 김태준 교수에게 사실을
　　　알렸고, 간송 전형필에게 매매하면서 세상에 알려짐.

세종
대왕

조선 4대왕[1397~1450/54세]

재위 1418.8~1450.2 / 33년

태종 이방원[1367~1422]**과 원경왕후 민씨의 3남으로 출생**

태종 13년 충녕대군으로 봉함[양녕·효령·충녕·성녕대군]

휘諱 : **이도**李祹   **자**字 : **원정**元正

아명兒名 : **막동**莫同   **묘호**廟號 : **세종**世宗

왕후 : 우부대언 심온의 딸, 소현왕후[1395~1446]

후사 : 소헌왕후 – 문종, 수양대군[세조], 안평대군, 임영대군, 광평대군, 금성대군, 평원대군,
　　　　영응대군, 정소공주, 정의공주

　　　영빈강姜씨 - 화의군

　　　신빈김金씨 - 계양군, 의창군, 밀성군, 익현군, 영해군, 담양군

　　　혜빈양楊씨/단종 유모 - 한남군, 수춘군, 영풍군

　　　숙원이李씨 - 정안옹주

　　　상침송宋씨/침전궁인 - 정현옹주

시호諡號 : **세종장헌영문예무인성명효대왕** 世宗莊憲英文睿武仁聖明孝大王

　　　　엄함과 공경으로 백성을 대하고, 행동이 착하고 밝아 본보기가 되었고, 학문에 영특하고, 병법에 슬기로우며,

　　　　인자하고 뛰어나며, 총명하고 사리에 밝으며, 효성스러운 큰 임금

능호陵號 : **영릉**英陵 [여주시 세종대왕면 왕대리]

훈민정음 창제기록

조선왕조실록【태백산사고본】33책 102권 42장 A면

[계해癸亥 1443년[세종 25년] 음 12월 30일 경술庚戌]

이달에 임금[세종대왕]이 친히 언문 28자를 지으셨는데, 그 글자가 옛 전자篆字를 모방하고, 첫소리·가운뎃소리·끝소리로 나뉘어 합친 후에야 글자를 이룬다. 무릇 한자漢字에 관한 것과 우리말俚語에 관한 것을 모두 쓸 수 있고, 글자는 비록 간단·요약하지만 전환이 무궁하니, 이를 훈민정음이라 이른다.

是月, 上親制諺文二十八字, 其字倣古篆, 分爲初中終聲, 合之然後乃成字, 凡于文字及本國俚語, 皆可得而書, 字雖簡要, 轉換無窮, 是謂訓民正音.

훈민정음訓民正音 : 임금이 지으신 언문[우리글]의 명칭

조선왕조실록에 시험 과목명으로 6회, 창제 글 명칭으로 5회, 총 11회가 보인다.

언문諺文 : 우리글, 우리말 [한자에 대한 낮춤 말[卑語]이 절대 아님.]

① 조선왕조실록 215회 [언자諺字 포함 1,156회], 승정원일기 173회

② [끝소리 해〈종성해〉] - 또한 반설음의 'ㄹ'는 마땅히 우리말에나 쓸 것이요, 한자어 끝소리에는 쓸 수 없다.

전자篆字 : 서예 전서체 / 훈민정음 해례본 한글 글씨체

언문 발간 책자

- 용비어천가 [1445, 정인지·안지·권제 등이 왕명으로 지은 악장, 훈민정음으로 쓰인 최초 작품으로 식사 및 고어 연구에 귀중한 자료]

- 석보상절 [1447, 수양대군이 어머니 소헌왕후 심씨 명복을 빌기 위해 지은 석가모니 일대기]

- 사성통고 [1447, 신숙주 등이 《홍무정운》의 한자를 언문으로 옮기고, 사성으로 갈라 청탁 따위를 연구하여 편찬]

- 동국정운 [1448, 신숙주·최항·성삼문 등이 간행한 운서]

- 월인천강지곡 [1449, 세종31, 석가모니 공덕을 찬양한 500여 수의 노래]

- 홍무정운 역훈 [1455, 단종3, 신숙주·성삼문 등이 중국 운서《홍무정운》을 번역]

- 월인석보 [1459, 세조5, 고승 10명과 김수온 등이 《월인천강지곡》과 《석보상절》을 합하여 엮은 석가모니 일대기. 훈민정음 창제 이후 처음 나온 불경 언해서로 국어사에서 매우 귀중한 문헌]

세종실록 113 권, 세종 28년[1446] 음력 9월 29일 갑오 [원문 게재]

훈민정음 서문 및 예의

是月, 訓民正音成。 御製曰 :

國之語音, 異乎中國, 與文字不相流通, 故愚民有所欲言, 而終不得伸其情者
多矣。 予爲此憫然, 新制 二十八字, 欲使人(易)習, 便於日用耳。ㄱ牙音, 如君
字初發聲, 竝書如虯字初發聲。 ㅋ牙音, 如快字初發聲。
ㆁ牙音, 如業字初發聲。 ㄷ舌音, 如斗字初發聲, 竝書如覃字初發聲。 ㅌ舌
音, 呑字初發聲。 ㄴ舌音, 如那字初發聲。 ㅂ脣音, 如彆字初發聲, 竝書如步
字初發聲。 ㅍ脣音, 如漂字初發聲。 ㅁ脣音, 如彌字初發聲。 ㅈ齒音, 如卽
字初發聲, 竝書如慈字初發聲。 ㅊ齒音, 如侵字初發聲。 ㅅ齒音, 如戌字初
發聲, 竝書如邪字初發聲。 ㆆ喉音, 如挹字初發聲。 ㅎ喉音, 如虛字初發聲,
竝書如洪字初發聲。 ㅇ喉音, 如欲字初發聲。 ㄹ半舌音, 如閭字初發聲。 ㅿ
半齒音, 如穰字初發聲。
、如呑字中聲, 一如卽字中聲, ㅣ如侵字中聲, ㅗ如洪字中聲, ㅏ如覃字中聲,
ㅜ如君字中聲, ㅓ如業字中聲, ㅛ如欲字中聲, ㅑ如穰字中聲, ㅠ如戌字中聲,
ㅕ如彆字中聲。 終聲復用初聲。 ㅇ連書脣音之下, 則爲脣輕音, 初聲合用則
竝書。 終聲同。
、一ㅗㅜㅛㅠ附書初聲之下, ㅣㅏㅓㅑㅕ附書於右。 凡字必合而成音, 左加一點
則去聲, 二則上聲, 無則平聲。 入聲加點同而促急。

해설은 본문을 참조 하고, 해례[5해 1례] 부분이 없는 아쉬움이 있다.

정인지 서문

禮曹判書鄭麟趾序曰 :

有天地自然之聲, 則必有天地自然之文, 所以古人因聲制字, 以通萬物之情,
以載三才之道, 而後世不能易也。 然四方風土區別, 聲氣亦隨而異焉。 蓋外
國之語, 有其聲而無其字, 假中國之字, 以通其用, 是猶枘鑿之鉏鋙也, 豈能
達而無礙乎? 要皆各隨所處而安, 不可强之使同也。 吾東方禮樂文物, 侔擬
華夏, 但方言俚語, 不與之同, 學書者患其旨趣之難曉, 治獄者病其曲折之難
通。 昔新羅薛聰始作吏讀, 官府民間, 至今行之, 然皆假字而用, 或澁或窒,
非但鄙陋無稽而已, 至於言語之間, 則不能達其萬一焉。 癸亥冬, 我 殿下創
制正音二十八字, 略揭例義以示之, 名曰訓民正音。 象形而字倣古篆, 因聲而
音叶七調, 三極之義、二氣之妙, 莫不該括。 以二十八字而轉換無窮, 簡而要,
精而通, 故智者不崇朝而會, 愚者可浹旬而學。 以是解書, 可以知其義 ; 以是
聽訟, 可以得其情。 字韻則淸濁之能卞, 樂歌則律呂之克諧, 無所用而不備
無所往而不達, 雖風聲鶴唳雞鳴狗吠, 皆可得而書矣。 遂命詳加解釋, 以喩
諸人。 於是, 臣與集賢殿應敎崔恒、副校理朴彭年、申叔舟、修撰成三問、敦
寧注簿姜希顔、行集賢殿副修撰李塏、李善老等謹作諸解及例, 以敍其梗概,
庶使觀者不師而自悟。 若其淵源精義之妙則非臣等之所能發揮也。 恭惟我
殿下天縱之聖, 制度施爲, 超越百王, 正音之作, 無所祖述, 而成於自然, 豈以
其至理之無所不在而非人爲之私也? 夫東方有國, 不爲不久, 而開物成務之大
智, 蓋有待於今日也歟!

훈민정흠
나랏말이 중국과 달라 한자로 서로 통하지 않으므로 어리석은 백성이 말하고자하는 바가 있어도, 마침내 제 뜻을 잘 펴지 못하는 사람이 많더라. 내가 이를 딱하게 여겨, 새로 스물여덟 글자를 만드노니, 사람들로 하여금 쉽게 익혀, 나날이 쓰기에 편하게 하고자 할 따름이니라.

是月, 上親制諺文二十八字, 其字倣古篆, 分爲初中終聲, 合之然後乃成字, 凡于文字及本國俚語, 皆可得而書, 字雖簡要, 轉換無窮, 是謂訓民正音.

■ 한글 해석도 언해본 서문 글자 수 108자와 같게 하였다.

■ 서문 한자 수는 54자로, 임금 1을 더하면 주역에서 논하는 하도수 55가 된다.

■ 28자[첫소리 17 + 가운뎃소리 11]는
   하늘의 별자리 28수와 일치한다.

－ 28수宿

   동방 7수 : 각항저방심미기

   북방 7수 : 두우여허위실벽

   서방 7수 : 규루위묘필자삼

   남방 7수 : 정귀류성장익진

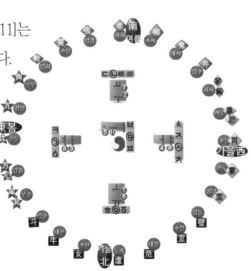

■ 해례본 책자에서 임금이 쓰신 서문·예의는 양수 7칸[북두칠성 상징]으로 신하들이 쓴 제자해 이하는 음수 8칸[8괘, 홍범구주, 조선8도]으로 하였다.

양수	1	3	5	7	9
음수	2	4	6	8	0

서문·예의 7칸   제자해 8칸

■ 서문 54자 + 서문 예의 56칸 = 110
                [하도수 55 + 하도수 55]

■ 하도河圖 : 5500여 년 전 황하의
   용마龍馬 등에 점이 새겨져 있었다는
   전설적인 도식으로 주역팔괘의 원천이
   되었다.

〈역학계몽 [주희, 宋, 1130~1200]〉

－ 하도수 : 1+2+3+4+5+6+7+8+9+10 = 55

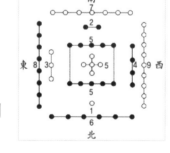

■ 첫소리 오행 (목[어금닛소리]⇒화[혓소리]⇒토[입술소리]⇒금[잇소리]⇒수[목구멍소리])

- 어금닛소리 [목木]

ㄱ는 어금닛소리니 군자 처음 나는 소리와 같다.
　　나란히 쓰면 끃자 처음 나는 소리와 같다.
ㅋ는 어금닛소리니 쾡자 처음 나는 소리와 같다.
ㆁ는 어금닛소리니 업자 처음 나는 소리와 같다.

[발음 : ㄱ→기, ㄲ→끼, ㅋ→키, ㆁ→이, 끃→꿈, 쾡→쾌, 업→업]

- 혓소리 [화火]

ㄷ는 혓소리니 둘자 처음 나는 소리와 같다.
　　나란히 쓰면 땀자 처음 나는 소리와 같다.
ㅌ는 혓소리니 튼자 처음 나는 소리와 같다.
ㄴ는 혓소리니 낭자 처음 나는 소리와 같다.

[발음 : ㄷ→디, ㄸ→띠, ㅌ→티, ㄴ→니, 둘→두, 튼→탄, 낭→나]

- 입술소리 [토土]

ㅂ는 입술소리니 볋자 처음 나는 소리와 같다.
　　나란히 쓰면 뽕자 처음 나는 소리와 같다.
ㅍ는 입술소리니 퓰자 처음 나는 소리와 같다.
ㅁ는 입술소리니 밍자 처음 나는 소리와 같다.

[발음 : ㅂ→비, ㅃ→삐, ㅍ→피, ㅁ→미, 볋→별, 뽕→뽀, 퓰→표, 밍→미]

- 잇소리 [금金]

ㅈ는 잇소리니 즉자 처음 나는 소리와 같다.
　　나란히 쓰면 쫑자 처음 나는 소리와 같다.
ㅊ는 잇소리니 침자 처음 나는 소리와 같다.
ㅅ는 잇소리니 슗자 처음 나는 소리와 같다.
　　나란히 쓰면 쌰자 처음 나는 소리와 같다.

[발음 : ㅈ→지, ㅉ→찌, ㅊ→치, ㅅ→시, ㅆ→씨, 쫑→짜, 슗→술, 쌰→쌰]

- 목구멍소리 [수水]

ㆆ는 목구멍소리니 흡자 처음 나는 소리와 같다.
ㅎ는 목구멍소리니 헝자 처음 나는 소리와 같다.
　　나란히 쓰면 홍자 처음 나는 소리와 같다.
ㅇ는 목구멍소리니 욕자 처음 나는 소리와 같다.

[발음 : ㆆ→이, ㅎ→히, ㅎㅎ→히, ㅇ→이, 흡→읍, 헝→허, 홍→홍]

- 반혓소리 [화火], 반잇소리 [금金]

ㄹ는 반혓소리니 령자 처음 나는 소리와 같다.
ㅿ는 반잇소리니 샹자 처음 나는 소리와 같다.

[발음 : ㄹ→리, ㅿ→이, 령→려, 샹→양]

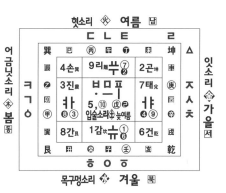

■ 가운뎃소리 [천지인삼재와 하도수]

- 천지인[하늘(·) 땅(—) 사람(ㅣ)] 삼재

· 는 톤자 가운뎃소리와 같다.
— 는 즉자 가운뎃소리와 같다.
ㅣ 는 침자 가운뎃소리와 같다.
[발음 : ·→아, —→으, ㅣ→이, 톤→탄]

- 하도수 순서 [1, 3, 2, 4]

ㅗ는 홍자 가운뎃소리와 같다.
ㅏ 는 땀자 가운뎃소리와 같다.
ㅜ는 군자 가운뎃소리와 같다.
ㅓ 는 업자 가운뎃소리와 같다.
[발음 : ㅗ→오, ㅏ→아, ㅜ→우, ㅓ→어, 홍→홍, 업→업]

- 하도수 순서 [7, 9, 6, 8]

ㅛ는 욕자 가운뎃소리와 같다.
ㅑ 는 샹자 가운뎃소리와 같다.
ㅠ는 슗자 가운뎃소리와 같다.
ㅕ 는 볃자 가운뎃소리와 같다.
[발음 : ㅛ→요, ㅑ→야, ㅠ→유, ㅕ→여, 샹→양, 슗→슐, 볃→별]

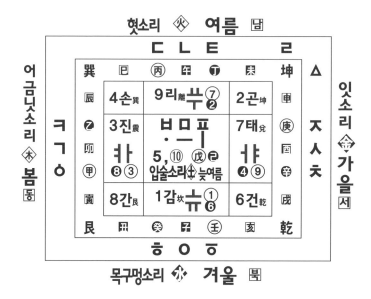

중성 순서도

삼재三才			하도수河圖數							
天천	地지	人인	생수生數				성수成數			
양	음		양		음		양		음	
5	10		1	3	2	4	7	9	6	8
·	—	ㅣ	ㅗ	ㅏ	ㅜ	ㅓ	ㅛ	ㅑ	ㅠ	ㅕ
土토			水수	木목	火화	金금	火	金	水	木

■ 끝소리 · 입술가벼운소리 · 붙여 쓰기 · 한자어 3성법

끝소리는 첫소리를 다시 쓴다.
ㅇ를 입술소리 아래 이어 쓰면 입술 가벼운 소리가 된다.
첫소리를 합쳐 쓰려면 나란히 쓴다. 끝소리도 마찬가지다.
ㆍ ㅡ ㅗ ㅜ ㅛ ㅠ는 첫소리 아래에 붙여 쓴다.
ㅣ ㅏ ㅓ ㅑ ㅕ는 첫소리 오른쪽에 붙여 쓴다.
무릇 글자는 반드시 합해야 소리를 이룬다.

– 종성부용초성 : 끝소리엔 첫소리를 다시 쓴다.

– 순경음[입술 가벼운 소리] : ㅸ ㅹ ㆄ ㅱ

– 첫소리·끝소리 병서 : ㄲ ㄸ ㅃ ㅆ ㅉ…

– 부서법[붙여쓰기] : ㆍ ㅡ ㅗ ㅜ ㅛ ㅠ ⇒ ㄱ 그 고 국 뇨 늉

　　　　　　　　　ㅣ ㅏ ㅓ ㅑ ㅕ ⇒ 니 닥 던 땨 려

– 한자어 필히 첫소리·가운뎃소리·끝소리 합침 : 셍종엉졩훈민졍흠
　　　　　　　　　　　　　　　　　　[발음은 셰종어제훈민정음]

■ 사성[평성, (:)상성, (·)거성, 입성]

왼쪽에 한 점을 더하면 거성이 되고, 점이 둘이면 상성이고,
점이 없으면 평성이다.
입성은 점을 더하는 것은 같으나 **빠르다.**

– 4성[평상거입]은 4계절 운행과 관계.

세종실록 117권 1447년[세종29] 음 9월 29일

동국정운 완성에 신숙주 서문을 보면

'··· 사성四聲이란 것은 조화造化의 단서로서

사시四時[4계절]의 운행이라, ···사성이 바로 잡히매

사시의 운행이 순하게 되니, ···'

훈민정음 예의

훈민정음 예의 초·중성 정리표

중성(11) \ 초성(17)	例한	例漢	生成數	五行	ㄱ	ㅋ	ㆁ	ㄷ	ㅌ	ㄴ	ㅂ	ㅍ	ㅁ	ㅈ	ㅊ	ㅅ	ㆆ	ㅎ	ㅇ	ㄹ	ㅿ
初聲 例(한)					한	군	쾡	업	둫	튼	낭	볋	푷	밍	즉	침	슗	흡	헝	욕	령	샹
初聲 例(漢)					漢	君	快	業	斗	呑	那	彆	漂	彌	即	侵	戌	挹	虛	欲	閭	穰
五音					牙(어금니)			舌(혀)			脣(입술)			齒(이)			喉(목구멍)			半舌	半齒
五行(초성)				五行	木			火			土			金			水			火	金
·	튼	呑	天5生	土	ᄀᆞ	ᄏᆞ	ᅌᆞ	ᄃᆞ	ᄐᆞ	ᄂᆞ	ᄇᆞ	ᄑᆞ	ᄆᆞ	ᄌᆞ	ᄎᆞ	ᄉᆞ	ᅙᆞ	ᄒᆞ	ᄋᆞ	ᄅᆞ	ᅀᆞ
ㅡ	즉	即	地10成	土	그	크	ᅌᅳ	드	트	느	브	프	므	즈	츠	스	ᅙᅳ	흐	으	르	ᅀᅳ
ㅣ	침	侵	人		기	키	ᅌᅵ	디	티	니	비	피	미	지	치	시	ᅙᅵ	히	이	리	ᅀᅵ
ㅗ	뽕	洪	天1生	水	고	코	ᅌᅩ	도	토	노	보	포	모	조	초	소	ᅙᅩ	호	오	로	ᅀᅩ
ㅏ	땀	覃	天3生	木	가	카	ᅌᅡ	다	타	나	바	파	마	자	차	사	ᅙᅡ	하	아	라	ᅀᅡ
ㅜ	군	君	地2生	火	구	쿠	ᅌᅮ	두	투	누	부	푸	무	주	추	수	ᅙᅮ	후	우	루	ᅀᅮ
ㅓ	업	業	地4生	金	거	커	ᅌᅥ	더	터	너	버	퍼	머	저	처	서	ᅙᅥ	허	어	러	ᅀᅥ
ㅛ	욕	欲	天7成	火	교	쿄	ᅌᅭ	됴	툐	뇨	뵤	표	묘	죠	쵸	쇼	ᅙᅭ	효	요	료	ᅀᅭ
ㅑ	샹	穰	天9成	金	갸	캬	ᅌᅣ	댜	탸	냐	뱌	퍄	먀	쟈	챠	샤	ᅙᅣ	햐	야	랴	ᅀᅣ
ㅠ	슗	戌	地6成	水	규	큐	ᅌᅲ	듀	튜	뉴	뷰	퓨	뮤	쥬	츄	슈	ᅙᅲ	휴	유	류	ᅀᅲ
ㅕ	볋	彆	地8成	木	겨	켜	ᅌᅧ	뎌	텨	녀	벼	펴	며	져	쳐	셔	ᅙᅧ	혀	여	려	ᅀᅧ
各自並書					蚪				覃				步		慈		邪	洪			
各自並書					뀰				땀				뽕		쫑		쌍	뽕			

초성[첫소리], 중성[가운뎃소리]

최세진崔世珍(1468~1542) 한글 반절표半切表(1527년 훈몽자회)

중성 \ 초성	명칭(名稱)	음양(陰陽)	생성수(生成數)	오행(五行)	ㄱ	ㄴ	ㄷ	ㄹ	ㅁ	ㅂ	ㅅ	ㅇ	ㅈ	ㅊ	ㅋ	ㅌ	ㅍ	ㅎ	ㅿ
첫소리(14) 명칭					기역	니은	디귿	리을	미음	비읍	시옷	이응	지	치	키	티	피	히	-
첫소리 한자					其役	尼隱	池末	梨乙	眉音	非邑	時衣	異凝	之	齒	箕	治	皮	屎	而
오행					木	火		土		金	水		金		木	火	土	水	金
ㅏ	阿	양(陽)	천3생(天3生)	木	가	나	다	라	마	바	사	아	자	차	카	타	파	하	
ㅑ	也	양(陽)	천9성(天9成)	金	갸	냐	댜	랴	먀	뱌	샤	야	쟈	챠	캬	탸	퍄	햐	
ㅓ	於	음(陰)	지4생(地4生)	金	거	너	더	러	머	버	서	어	저	처	커	터	퍼	허	
ㅕ	餘	음(陰)	지8성(地8成)	木	겨	녀	뎌	려	며	벼	셔	여	져	쳐	켜	텨	펴	혀	
ㅗ	吾	양(陽)	천1생(天1生)	水	고	노	도	로	모	보	소	오	조	초	코	토	포	호	
ㅛ	要	양(陽)	천7성(天7成)	火	교	뇨	됴	료	묘	뵤	쇼	요	죠	쵸	쿄	툐	표	효	
ㅜ	牛	음(陰)	지2생(地2生)	火	구	누	두	루	무	부	수	우	주	추	쿠	투	푸	후	
ㅠ	由	음(陰)	지6성(地6成)	水	규	뉴	듀	류	뮤	뷰	슈	유	쥬	츄	큐	튜	퓨	휴	
ㅡ	應	음(陰)	지10성(地10成)		그	느	드	르	므	브	스	으	즈	츠	크	트	프	흐	
ㅣ	伊	-	인(人)	土	기	니	디	리	미	비	시	이	지	치	키	티	피	히	
·	思	양(陽)	천5생(天5生)	土	ᄀᆞ	ᄂᆞ	ᄃᆞ	ᄅᆞ	ᄆᆞ	ᄇᆞ	ᄉᆞ	ᄋᆞ	ᄌᆞ	ᄎᆞ	ᄏᆞ	ᄐᆞ	ᄑᆞ	ᄒᆞ	

응(應)에선 종성을 버리고, 사(思)에선 초성을 버린다.

훈민정흠에 감춰진 9궁九宮과 음양오행

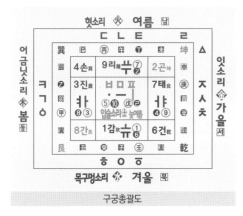

구궁총괄도

적색 : 양陽
황색 : 토土
청색 : 음陰

왕은 북쪽에서 남쪽을 앞으로 바라보고 자리하는 것이
구궁도와 같다.
[영화 '광해, 왕이 된 남자'의 어전회의 장면]

왕의 남면南面

5행 : 목 ⇒ 화 ⇒ 토 ⇒ 금 ⇒ 수

4계절 : 봄 여름 가을 겨울

5방 : 동 서 남 북 중앙

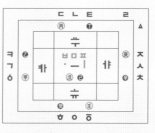

10간干 : 갑을병정무기경신임계

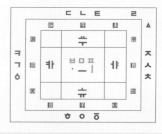

12지支 : 자축인묘진사오미신유술해

팔괘 : 1감 2곤 3진 4손 6건 7태 8간 9리 : 구궁

5음흠 : 아어금니 설혀 순입술 치이 후목구멍

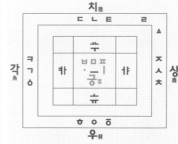

5성聲 : 궁 상 각 치 우

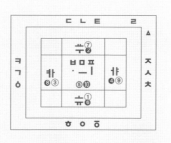

하도수 : 1·6수 2·7화 3·8목 4·9금 5·10토

■ 만물은 음양오행으로 시작

천지자연의 이치는 오직 하나 음양오행뿐이다.

- 음양 : 상대적 성질, 기능, 현상 등에 의해 이뤄지는 두 범주

- 주역 계사상전 5장

한번 음陰하고 한번 양陽하는 것을 일러 도道라고 하니 …

- 주역 계사하전 6장

공자[B.C.551~B.C.479] 왈 "건곤이 역의 문이고, 건은 양의 물건이고 곤은 음의 물건이니, 음과 양이 덕을 합해서 강과 유가 체가 있는지라, [건곤으로써] 천지의 일을 체하며 신명의 덕을 통하니…

훈민정음에 나오는 음양오행 정리									
천天건乾 양陽강剛남男	봄春여름夏	동東남南	목木 ㄱㅋㆁ화火 ㄷㅌㄴㄹ	①ㅗ③ㅏ ⑦ㅛ⑨ㅑ	아牙설舌	각角치徵	인仁례禮	간肝심心	원元형亨
			토土ㅂㅍㅁ	⑤·⑩ㅡㅣ	순脣	궁宮	신信	비脾	
지地곤坤음陰유柔여女	가을秋겨울冬	서西북北	금金ㅈㅊㅅ△수水ㆆㅎㅇ	②ㅜ④ㅓ⑥ㅠ⑧ㅕ	치齒후喉	상商우羽	의義지智	폐肺신腎	이利정貞

- 오행五行 : 우주의 유기적으로 변해 가는 다섯 기운[5기五氣 : 목木 · 화火 · 토土 · 금金 · 수水]의 조직 구조

① 4시時 4방土方土: 관자[관중 B.C.725~B.C.645]

각 계절의 끝 18일 토土 [진술축미辰戌丑未] ? [목18, 화18, 금18, 수18, 토18=90일 / 90×4 계절 =360 일] 중앙을 토土라 하는데 토의 덕은 사계절을 돕고 바람과 비로 사계절 운행을 도우며 토土기 조절로 생장력을 증진시킨다.

[관자의 4시 4방 토]

② 4시時 5방土方土: 회남자

『회남왕 유안(B.C.179~B.C.122)』 여름과 가을 사이에 늦여름을 구분해 내어 중앙 토土 [무기戊己]와 배합시키니 성덕[무성함]이 토土에 있다.

[회남자의 4시 5방 토]

■ 곤괘·복괘·태극·음양

곤괘와 복괘의 사이가 태극이 되고 움직이고 멎고 한 뒤에 음양이 된다.

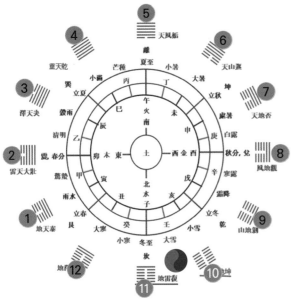

주역 괘상으로 나타낸 간지와 24절기 방위도
[이윤숙, 가원 천자문 대관 상권 P322]

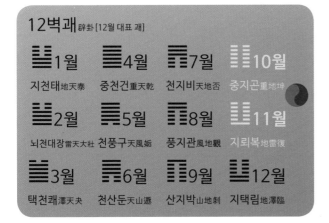

12벽괘 辟卦 [12월 대표 괘]

1월 지천태 地天泰
4월 중천건 重天乾
7월 천지비 天地否
10월 중지곤 重地坤

2월 뇌천대장 雷天大壯
5월 천풍구 天風姤
8월 풍지관 風地觀
11월 지뢰복 地雷復

3월 택천쾌 澤天夬
6월 천산둔 天山遯
9월 산지박 山地剝
12월 지택림 地澤臨

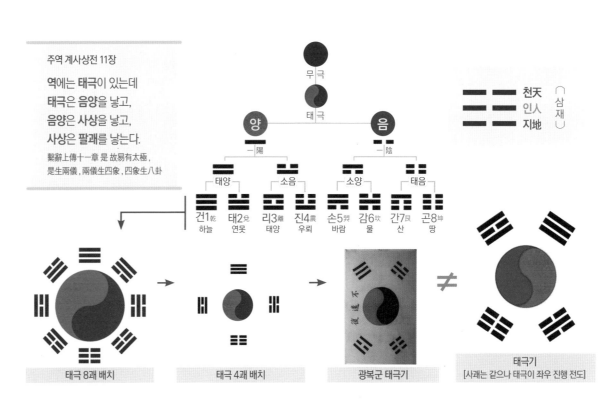

주역 계사상전 11장

역에는 태극이 있는데
태극은 음양을 낳고,
음양은 사상을 낳고,
사상은 팔괘를 낳는다.

繫辭上傳十一章 是 故易有太極,
是生兩儀, 兩儀生四象, 四象生八卦

무극

태극

양 · 음

一陽 · 一陰

태양 · 소음 · 소양 · 태음

건1乾 하늘 · 태2兌 연못 · 리3離 태양 · 진4震 우뢰 · 손5巽 바람 · 감6坎 물 · 간7艮 산 · 곤8坤 땅

천天 인人 지地 (삼재)

태극 8괘 배치

태극 4괘 배치

광복군 태극기

≠

태극기
[사괘는 같으나 태극이 좌우 진행 전도]

■ 훈민정음의 기본사상인 음양오행·삼재사상이 미신이라며 제도권 교육에서는 외면하고 있다. 그렇다면 주역원리의 상징인 태극기는 물론, 조선 대유학자 율곡 이이선생도 미신을 맹종했다는 모순에 빠진다. 안타까운 교육현실을 다시 생각해 보자. 미신의 기준은 무엇일까? 훈민정음도 미신사상으로 만들어 졌으니 전면금지해야 하나?

율곡 이이 선생의 음양오행 – [성학집요聖學輯要]〈수기(修己) 상편(上篇)〉정리

■ 역(易)에 태극(太極)이 있는데, 이것이 양의(兩儀)를 낳고, 양의는 사상(四象)을 낳고, 사상은 팔괘(八卦)를 낳는다. 하나(태극)는 둘(양의, 음양)을 낳는 것은 자연스러운 이치이며, 역(易)은 음양의 변화이고, 팔괘(八卦)는 세 효(爻)로 삼재(三才, 하늘·땅·사람)의 모습인데, 털끝만큼도 인위적인 것이 아니다.

■ 무극(無極)이면서 태극(太極)이다. 태극은 움직이면서(動動) 양(陽)을 낳고, 움직임이 끝나면 고요해지면서(靜靜) 음(陰)을 낳고, 고요함이 끝나면 움직임을 회복한다. 동정(動靜)은 서로 뿌리가 되며, 음양으로 나뉘면서 양의(兩儀)가 된다.

■ 한 번은 음(陰)이 되고 한 번은 양(陽)이 되는 것을 도(道)라 한다. 낳고 낳는 것을 역(易)이라 하고, 하늘은 낳는 것을 도(道)로 삼는다. 음양이 번갈아 운동하는 것은 기(氣)이고, 그 운동의 이치(음이 되고 양이 되게 하는 까닭)가 도(道)다.

■ 하늘의 도(道)로 확립된 것이 음양(陰陽)이고, 땅의 도로 확립된 것이 강유(剛柔)이며, 사람의 도(道)로 확립된 것이 인의(仁義)이다.

■ 형이상(形而上)의 것은 도(道)요, 형이하(形而下)의 것은 기(器)요, 이뤄진 것은 화(化)요, 화(化)를 가지고 다듬어 내는 것은 변(變)이요, 미루어서 행하는 것은 통(通)이요, 통(通)으로 세상 백성에게 베푸는 것을 사업(事業)이라 한다.

■ 오륜(五倫) 군신유의(君臣有義)·부자유친(父子有親)·부부유별(夫婦有別)·장유유서(長幼有序)·붕우유신(朋友有信)의 의(義)·친(親)·별(別)·서(序)·신(信)은 도(道)이고, 군신(君臣)·부자(父子)·부부(夫婦)·장유(長幼)·붕우(朋友)는 기(器)이다.

■ 음과 양이 변하고 합해져서 수(水)·화(火)·목(木)·금(金)·토(土) 오행(五行)의 오기(五氣)를 낳는데, 오기가 펼쳐져서(순포順布) 사계절이 돌아간다.

■ 오행이 생겨나면 한 가지씩 본성(本性)을 갖는데, 목(木)은 인(仁), 화(火)는 례(禮), 토(土)는 신(信), 금(金)은 의(義), 수(水)는 지(智)다.

■ 사람은 음양·오행 가운데 빼어난 기(氣)를 받아 생기는데, 성인(聖人)은 빼어난 것 가운데 더욱 빼어난 것을 받은 사람이다. 군자(君子)는 아직 성인 경지엔 이르지 못했지만 수양하기 때문에 길(吉)하게 된다.

■ 원(元)은 만물의 시초요, 형(亨)은 만물이 자라는 것이요, 이(利)는 결실 보는 것이며, 정(貞)은 만물이 완성되는 것으로 도(道)가 유행(流行)하는 것이다. 원(元)은 계절로 봄, 사람에겐 인(仁)이며, 형(亨)은 여름, 예(禮)이고, 이(利)는 가을, 의(義)이며, 정(貞)은 겨울, 지(智)이다.

〈성학집요〉 율곡(栗谷) 이이(李珥, 1536~1584) 선생이 1575년 39세 때, 24세의 어린 선조(宣祖) 임금에게 선정(善政)을 바라면서, 사서 육경의 핵심인 도학(道學)의 정수를 뽑아 정리하고 해설하여 진상한 책으로 퇴계(退溪) 이황(李滉) 선생의 성학십도(聖學十圖)와 더불어 성리학의 집대성이자 제왕학(帝王學)으로 분류한다.

훈민정음·성학십도·성학집요는 물론, 어린이 교육서였던 천자문(千字文)·추구(推句)·계몽편(啓蒙篇) 등 모두 음양오행의 우주 자연철학의 깊은 이해가 우리 선비들의 기본지식이었다.

■ 훈민정음 창제 당시 주역周易 학습 수준

① 세종임금

세종실록 58권, 세종 14년[1432] 10월 25일 경술

[생략]참찬관 권맹손에게 일러 말하기를, "예전 양녕 대군이[중략]요사이는 문안할 때에 인하여 또 《주역周易》의 강론을 나에게 받는다.[생략]

세종실록 86권, 세종 21년[1439] 7월 4일 경술

[생략]" 나는 경들의 말이 매우 오활迂闊하다고 생각한다.

《춘추春秋》에 말하기를, '국군國君이 밖에 있으면 세자가 나라에 있다.'고 하였고, 《주역周易》에 말하기를, '아비의 일을 아들이 맡아 처리한다.'고 하였다.[생략]

② 학역재學易齋 정인지 - (1396~1478/1446년 당시 50세), 평생 주역 공부

세조실록7권, 세조 3년[1457] 4월 9일 임인일

[생략]《주역周易》의 이치를 논하면서 김순金淳과 어효첨魚孝瞻을 돌아보고 물으니, 모른다고 대답하였다. 정인지가 아뢰기를, "문신文臣이 되가지고 주역周易을 알지 못하니, 마땅히 술로써 이를 벌주어야겠습니다."[생략]

③ 완역재玩易齋 강석덕 - (1395~1459), 세종 동서, 8학사 강희안(1418~1464) 부친

세종실록 58권, 세종 14년[1432] 10월 25일 경술

호號가 '역을 가지고 놀다.'라는 뜻일 정도로 역에 뛰어났고, 조선왕조실록에 장사·산릉도감 등 풍수지리 관련하여 15회 언급하고 있다.

■ 사람 말소리의 음양 이치

무릇 천지자연에 살아 있는 것들이 음양을 버리고 어디로 가겠는가?
그러므로 사람의 성음도 모두 음양의 이치가 있는 것인데, 생각해
보니 사람들이 살피지 못했을 뿐이다.
이제 정음이 만들어지게 된 것도 애초부터 지혜를 굴리고 힘들여
찾은 것이 아니고, 단지 성음의 이치를 끝까지 연구한 것이다.

■ 첫소리 17자 - 상형문자

이치가 이미 둘이 아닌데, 어찌 천지자연이 음양의 신령과 함께
정음을 쓰지 않겠는가?
정음 28자는 각각 그 모양을 본떠 만들었다.
첫소리는 모두 17자다.
어금닛소리　ㄱ는 혀뿌리가 목을 막는 모양,
혓소리　　　ㄴ는 혀가 윗잇몸에 붙는 모양,
입술소리　　ㅁ는 입 모양,
잇소리　　　ㅅ는 이 모양,
목구멍소리　ㅇ는 목구멍을 본떴다.

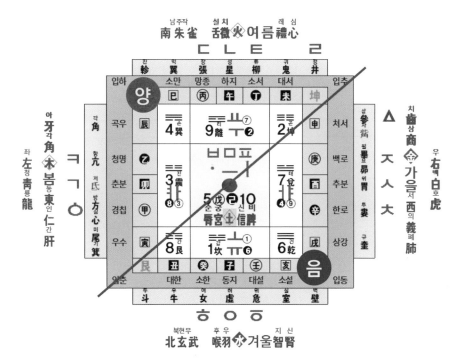

정음 28자 → 상형문자

초성자 17자
어금닛소리　　ㄱㅋㆁ
혓소리　　　　ㄷㅌㄴ[ㄹ]
입술소리　　　ㅂㅍㅁ
잇소리　　　　ㅈㅊㅅ[ㅿ]
목구멍 소리　　ㆆㅎㅇ

중성자 11자
천지인　　　　·ㅡㅣ
초생자　　　　ㅗㅏㅜㅓ
재출자　　　　ㅛㅑㅠㅕ

■ 자질문자

ㅋ는 ㄱ에 비해 소리가 조금 세게 나는 까닭으로 획을 더하였다.
ㄴ에서 ㄷ, ㄷ에서 ㅌ, ㅁ에서 ㅂ, ㅂ에서 ㅍ, ㅅ에서 ㅈ, ㅈ에서 ㅊ,
ㅇ에서 ㆆ, ㆆ에서 ㅎ가 됨도 그 소리로 말미암아 획을 더한 뜻은 같으나,
오직 ㆁ만은 다르다.
반혓소리 ㄹ, 반잇소리 ㅿ도 또한 혀와 이의 모양을 본떴으나,
그 짜임새를 달리해서 만들었기에 획을 더한 뜻은 없다.

- 자질문자[資質文字, featural writing system] -

영국 언어학자 Geoffrey Sampson, 1985년 처음 사용. 소리의 자질이 그 글자 모양에 대응되는 문자체계.
지구상엔 언문이 유일하고, 초성은 5[ㄱㄴㅁㅅㅇ] 기본자에 획을 더하거나 중복시켜 또 다른 음의 자질을 부여하고 중성은 천지인 [• ─ ㅣ]을 위치적 음양결합으로 각자의 자질을 갖는다.

오행	오음	초성자음양			중성자음양			조금센발음 [稍厲]	음양조합
		양 (+)	음 (-)	중 (±)	• (+)	─ (-)	ㅣ (±)		
목木	어금닛소리	ㄱㄷ				─		ㅋ	+─ 합合
화火	혓소리	ㄴㄷ				─		ㄷ	+─ 합合
								ㄹ	+─ 합
토土	입술소리			ㅁㅂ				ㅂ ㅍ	± ±
금金	잇소리		ㅅㅈㅅ		•	─		ㅈ ㅊ ㅿ	── ─+ 합
수水	목구멍소리		ㅇㆆㅎ		•	─		ㆆ ㅎ	── ─+ 합
			ㆁ		•	─		ㆁ 어금닛소리	─+ 합

하늘[○] 자동차[○] 흉물[×] 쳇바퀴[×]

■ 사람 말소리 - 오행에 뿌리 – 사계절 - 오음

무릇 사람 말소리는 오행에 뿌리를 두고 있다. 그래서 사계절에 맞춰봐도 어그러짐 이 없으며 오음에도 잘 어울리며 어그러짐이 없다.

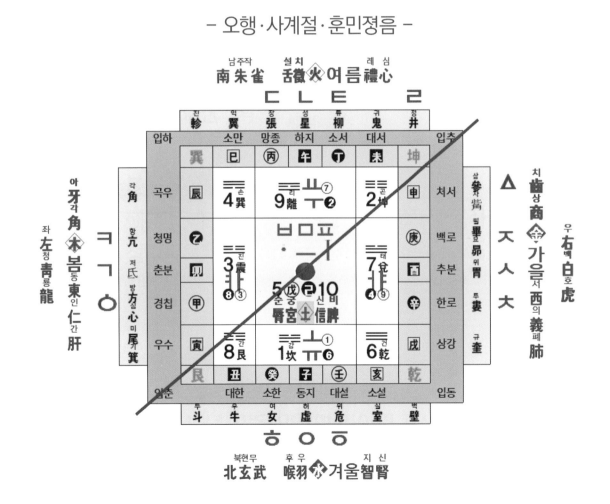

훈민정음 제자 풀이와 예

발음기관	오행	사계절	음률
목구멍	수[水]	겨울	우음[羽音]
어금니	목[木]	봄	각음[角音]
혀	화[火]	여름	치음[徵音]
이	금[金]	가을	상음[商音]
입술	토[土]	늦여름	궁음[宮音]

목구멍은 깊숙하고 젖어있으니 오행水[수]다.

말소리는 비어 있는 듯 통하는 바,

이것은 물[水]이투명하여 맑고 잘 흐르는 것과 같다.

계절은 겨울이고 음률은 우음[羽音]이다.

어금니는 어긋나고 기니 오행木[목]이다.

소리는 목구멍소리와 같으나 실[實]한 바,

나무가 물에서 나면서 형체가 있는 것과 같다.

계절은 봄이고 음률은 각음[角音]이다.

혀는 재빠르게 움직이니 오행火[화]다.

소리는 구르고 날리는 듯하니

불이 타올라 퍼져 상하로 오르내림 같다.

계절은 여름이고 음률은 치음[徵音]이다.

이는 강하고 끊는 것이니 오행金[금]이다.

소리가 부서지고 걸린 듯 하는 것은

쇠가 부스러졌다가 다시 단련하면 단단해지는 것과 같다.

계절은 가을이고 음률은 상음[商音]이다.

입술은 모난 것이 나란히 합해지고 오행土[토]다.

소리가 머금고 넓음은

땅이 만물을 머금고 광대한 것과 같다.

계절은 늦여름이고 음률은 궁음[宮音]이다.

5행   : 木목 → 火화 → 土토 → 金금 → 水수 →   [동양] 자연과 세상 변화 법칙

4원소론 :   불 ignis 흙terra   물aqua 공기aer   [서구] 세상의 구성 물질

4대설大說 :   火화 地지   水수 風풍   [불교] 세상 구성 요소

■ 물 - 만물 근원

불 - 만물 작용

물은 만물을 낳는 근원이요, 불은 만물을 이루는 작용이니
오행 중 물·불이 큰 것이다.

■ 발음기관 방위

목구멍 – 북쪽 / 어금니 – 동쪽 / 혀 - 남쪽 / 이 – 서쪽 / 입술 - 중앙

목구멍은 소리가 나오는 문이요,
혀는 소리를 변별하는 기관이므로
오음 가운데서, 목구멍소리와 혓소리가 으뜸이 된다.
목구멍은 뒤에 있고 어금니는 다음이므로 북쪽과 동쪽 방위다.
혀와 이가 또한 그다음 있으니 남쪽과 서쪽의 방위다.
입술은 끝에 있으니
오행의 일정한 방위가 없이 네 계절에 기대어 각 계절을 왕성하게 한다.
이런 즉 첫소리에도 자체 음양오행과 방위의 수가 있는 것이다.

■ 말소리[첫소리]의 맑고 흐림

또 말소리를 맑고 흐림으로 말하자면

ㄱㄷㅂㅈㅅㆆ는 맑은 소리인 전청이고,

ㅋㅌㅍㅊㅎ는 다음 맑은 소리인 차청이고,

ㄲㄸㅃㅉㅆㆅ는 흐린소리인 전탁이 되며,

ㆁㄴㅁㅇㄹㅿ는 맑지도 흐리지도 않은 불청불탁[울림소리]이다.

ㄴㅁㅇ는 소리가 가장 세지 않으므로

차례로는 비록 뒤에 있으나, 모양을 본떠 글자를 만드는 시초가 된다.

ㅅ와 ㅈ는 비록 다 전청이나,

ㅅ는 ㅈ에 비해 소리가 거세지 않아, 글자를 만드는데 시초가 되었다.

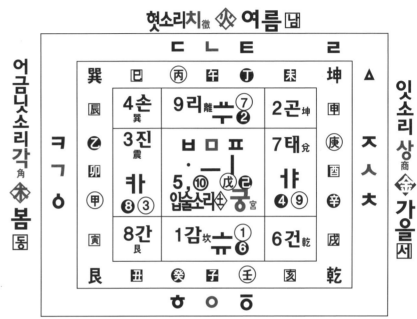

구분	아음	설음	순음	치음	후음	반설음	반치음
오행	목	화	토	금	수	화	금
전청	ㄱ 君	ㄷ 斗	ㅂ 彆	ㅈ 卽 ㅅ 戌	ㆆ 挹		
차청	ㅋ 快	ㅌ 吞	ㅍ 漂	ㅊ 侵	ㅎ 虛		
전탁	ㄲ 虯	ㄸ 覃	ㅃ 步	ㅉ 慈 ㅆ 邪	ㆅ 洪		
불청불탁	ㆁ 業	ㄴ 那	ㅁ 彌		ㅇ 欲	ㄹ 閭	ㅿ 穰

■ 어금닛소리 ㆁ

오직 어금닛소리의 ㆁ는 비록 혀뿌리가 목구멍을 막아서
코로 소리 기운이 나가지만 ㆁ소리는 ㅇ와 비슷해서 운서에
서도 의[疑<ㆁ>]와 유[喩<ㅇ>]가 많이 같이 쓰인다. 지금도
ㆁ를 목구멍을 본떠 만들었으나 어금닛소리 글자를 만드는
시초는 삼지 않았다. 대개 목구멍은 수[水, 물]에 속하고
어금니는 목[木, 나무]에 속하는 까닭에 ㆁ는 비록 어금닛
소리에 속해 있으면서도 ㅇ와 비슷해 마치 새싹이 물기에서
나와 유약하고 연해[목木기운이 미약해] 거의 물기[수水기
운]가 많기 때문이다.

맹아   유연

나무[木, ㆁ아음[牙音]의 움
[·笋 대순 아, 芽 싹 아]이
물[水 , ㅇ후음[喉音]에서
싹트는 모습

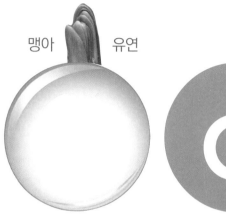

■ ㄱ 나무 바탕 – ㅋ는 나무 무성 – ㄲ 나무 늙어 굳건 – 어금니

ㄱ는 나무가 바탕을 이룬 것이고,
ㅋ는 나무가 무성하게 자란 것이고,
ㄲ는 나무가 늙어 굳건해진 것이니,
이는 모두 어금니를 본뜬 데서 비롯된다.

ㄱ [나무묘목 : 나무의 성질] → ㅋ [성장목] → ㄲ [고목]

■ 전청 – 전탁

전청 글자를 나란히 쓰면 전탁이 되는 것은
전청의 소리가 엉기면 전탁이 되기 때문이다.
오직 목구멍소리는 차청이 전탁이 되는데
그것은 대개 ㆆ는 소리가 깊어 엉기지 않고 ㅎ는 ㆆ에 비하여
소리가 얕아서 엉기어 전탁이 되기 때문이다.

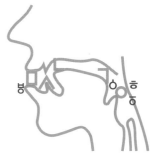

구분	아음	설음	순음	치음	후음	반설음	반치음
오행	목	화	토	금	수	화	금
전청	ㄱ君	ㄷ斗	ㅂ彆	ㅈ卽 ㅅ戌	ㆆ挹		
차청	ㅋ快	ㅌ呑	ㅍ漂	ㅊ侵	ㅎ虛		
전탁	ㄲ虯	ㄸ覃	ㅃ步	ㅉ慈 ㅆ邪	ㆅ洪		
불청불탁	ㆁ業	ㄴ那	ㅁ彌		ㅇ欲	ㄹ閭	△穰

■ 입술가벼운소리 [순경음]

ㅇ를 입술소리 아래에 이어 쓰면 곧 입술 가벼운 소리(순경음)가 되는 것은
가벼운 소리는 잠깐 합쳐지면서 목구멍소리가 많아지기 때문이다.

▷ ㅸ ㅹ ㅱ ㆄ

■ 가운뎃소리 11자

► · ─ ㅣ

가운뎃소리는 모두 11자다.
· 는 혀가 오그라들고 소리가 깊어, 하늘이 자시[子時]에 열리는 것과 같다.
모양이 둥근 것은 하늘[天]을 본뜬 것이다.
─는 혀가 조금 오그라드니 소리가 깊지도 얕지도 않으므로
땅[地]이 축시[丑時]에서 열리는 것과 같다.
모양이 평평한 것은 땅을 본뜬 것이다.
ㅣ는 혀가 오그라들지 않고 소리는 얕으니,
사람[人]이 인시[寅時]에 생기는 것과 같다.
서 있는 꼴은 사람[人]을 본뜬 것이다.

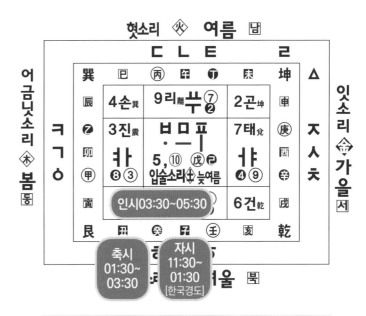

경도(經度)로 실제 자시(子時)

도쿄 135° 00:30 (현 우리나라 기준 시간)
서울 127°30' 00:00 / 베이징 120° 23:30

▶ 양[ㅗㅏ] 음[ㅜㅓ] 양[ㅛㅑ] 음[ㅠㅕ]

다음 여덟 소리는 한편으로는 거의 닫히고 한편으로는 열린다.
ㅗ는 · 와 같으나 입을 오므리며 그 모양이 · 가 ㅡ와 합해서 이루어진 것은
하늘과 땅이 처음으로 사귄다는 뜻이다.
ㅏ는 · 와 같으나 입을 벌리며 그 모양은 ㅣ와 · 가 서로 합하여 이루어진 것으로
하늘과 땅의 쓰임이 일과 사물에 나타나서, 사람을 기다려 이루어진다는 뜻을 취한다.
ㅜ는 ㅡ와 같으나 입을 오므리며 그 모양이 ㅡ가 · 와 합해서 이루어진 것은 역시
하늘과 땅이 처음으로 사귄다는 뜻을 취하였다.
ㅓ는 ㅡ와 같지만 입을 벌리니 그 모양은 · 와 ㅣ가 합해서 이루어진 것이며, 역시
하늘과 땅의 쓰임이 일과 사물에서 나타나되 사람을 기다려서 이루어진 뜻을
취한 것이다.

ㅛ는 ㅗ와 같으나 ㅣ에서 일어난다.　　▷ 기오, 기오, 기오[빠르게 발음] → 교
ㅑ는 ㅏ와 같으나 ㅣ에서 일어난다.　　▷ 이아, 이아, 이아[빠르게 발음] → 야
ㅠ는 ㅜ와 같으나 ㅣ에서 일어난다.　　▷ 디우, 디우, 디우[빠르게 발음] → 듀
ㅕ는 ㅓ와 같으나 ㅣ에서 일어난다.　　▷ 기어, 기어, 기어[빠르게 발음] → 겨

■ ㅗㅏㅜㅓㅛㅑㅠㅕ 제자원리 (하도수 음양 및 상형 원리)

ㅗㅏㅜㅓ는 하늘과 땅에서 비롯된 것이라 처음 나온 것이다.　　　　　　　생수生數 1, 3, 2, 4

ㅛㅑㅠㅕ는 ㅣ에서 시작되어서 사람시[ㅣ]을 겸하였으니 거듭나온 것이다.　　　성수成數 7, 9, 6, 8

ㅗㅏㅜㅓ에서 그 둥근 것[·]을 하나로 한 것은 처음 생긴 의미를 취했다.　　　생수生數 1, 3, 2, 4

ㅛㅑㅠㅕ에서 그 둥근 것[·]을 둘로 한 것은 거듭 생겨 난 뜻을 취한 것이다.　　성수成數 7, 9, 6, 8

삼재三才			하도수河圖數							
天천	地지	人인	생수生數				성수成數			
양	음		양		음		양		음	
5	10		1	3	2	4	7	9	6	8
·	―	ㅣ	ㅗ	ㅏ	ㅜ	ㅓ	ㅛ	ㅑ	ㅠ	ㅕ
土토			水수	木목	火화	金금	火	金	水	木

■ ㅗㅏㅜㅓㅛㅑㅠㅕ 제자원리 (음양 적용 원리)

ㅗㅏㅛㅑ 의 둥근 것[·]이 위와 밖에 놓인 것은 하늘[·]에서 나와 양陽이기 때문이다.

ㅜㅓㅠㅕ의 둥근 것[·]이 아래와 안에 있는 것은 땅에서 나와 음陰이기 때문이다.

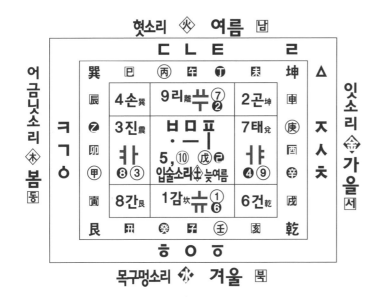

■ · ㅡ ㅣ 천지인삼재 의미

· 가 여덟 소리에 두루 다 있는 것은
마치 양陽이 음陰을 거느리고 만물에 두루 흐름과 같다.
ㅛㅑㅠㅕ가 모두 사람[ㅣ]을 겸함은
사람이 만물의 영장으로 능히 음양陰陽에 참여할 수 있기 때문이다.
[가운뎃소리]는 하늘과 땅과 사람에서 본뜬 것을 취하니 천지인天地人 삼재의 이치가 갖추어졌다.
그러므로 천지인삼재가 만물의 우선이 되고 하늘이 천지인삼재의 시작이 되는 것과 같이
· ㅡ ㅣ 석 자가 여덟 소리의 우두머리가 되고 또한 · 자가 석 자의 으뜸이 된다.

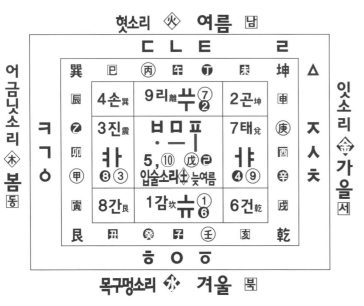

가운뎃소리는 3재[三才]로 시작 : • 하늘[둥글고] ㅡ 땅[네모나고] ㅣ 사람[서 있고]

사람 한자 인人 옆에서 봄 / 대大 팔과 다리 벌림 / 기긴절[ㅁ] 무릎 꿇은 모습 /
색色[위人, 아래ㅁ] / 비比 앉아서 팔 뻗음 / 비比 돌아가신 어머니와 아버지 /
北배, 북 사람ㄴ이 돌아앉음 / 인儿 우뚝 선 사람[윤允 머리 좋은 사람,
원元 갓 쓴 사람, 형兄, 선先 앞선 사람, 광光 사람머리 위 빛나는 불,
극克 투구 쓴 사람, 아兒 사내아이] / 립立 사람이 선 모양 / 노老 지팡이 짚은 노인

■ ㅗ ㅏ ㅜ ㅓ의 하도수와 오행

ㅗ가 처음으로 하늘에서 나니 하늘의 수 1이고 水를 낳는 자리다 .
ㅏ가 다음으로 생기는데 하늘의 수 3이고 木을 낳는 자리다.
ㅜ가 처음으로 땅에서 나니 땅의 수 2이고 火를 낳는 자리다.
ㅓ가 다음으로 생겨난 것이니 땅의 수 4이고 金을 낳는 자리다.

삼재三才			하도수河圖數							
天천	地지	人인	생수生數				성수成數			
양	음		양		음		양		음	
5	10		1	3	2	4	7	9	6	8
ㆍ	ㅡ	ㅣ	ㅗ	ㅏ	ㅜ	ㅓ	ㅛ	ㅑ	ㅠ	ㅕ
土토			水수	木목	火화	金금	火	金	水	木

■ ㅛ ㅑ ㅠ ㅕ의 하도수와 오행

ㅛ가 두 번째로 하늘에서 생겨나니 하늘의 수로 7이고 火를 이루는 수다.
ㅑ가 다음으로 생겨나니 하늘의 수로 9이고 金을 이루는 수다.
ㅠ가 두 번째로 땅에서 생겨나니 땅의 수로 6이고 水를 이루는 수다.
ㅕ가 다음으로 생겨나니 땅의 수로 8이고 木을 이루는 수다 .

삼재三才			하도수河圖數							
天천	地지	人인	생수生數				성수成數			
양	음		양		음		양		음	
5	10		1	3	2	4	7	9	6	8
·	ㅡ	ㅣ	ㅗ	ㅏ	ㅜ	ㅓ	ㅛ	ㅑ	ㅠ	ㅕ
		土토	水수	木목	火화	金금	火	金	水	木

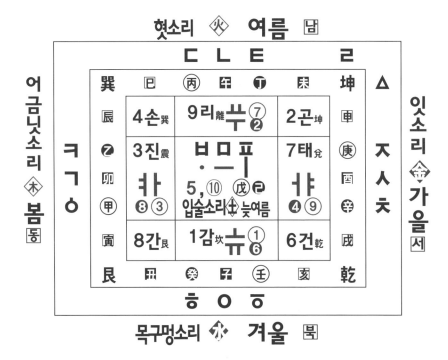

■ 가운뎃소리의 오행 기운

수水[ㅗ 1 ㅠ 6] 화火[ㅜ 2 ㅛ 7]는 아직
기氣를 벗어나지 못하고 음양이 서로 사귀어
어울리는 시초이기 때문에 거의 닫힌다.

목木[ㅓ 8 ㅏ 3] 금金[ㅕ 4 ㅑ 9]은
음양이 자리를 정했기에 열린다.

· 는 하늘의 수 5이고 土의 자리다.
— 는 땅의 수 10이고 土의 수다.
ㅣ만 홀로 자리가 없는 것은 대개 사람이면
무극의 참과 음양오행의 정기가 묘하게 어울려 엉기어,
진실로 자리를 정하고 수를 이루는
것을 밝힐 수 없기 때문이다.

이런 즉 가운뎃소리 속에도 또한 저절로 음양과 오행방위
의 수가 있는 것이다.

물과 불기운은 아직 물질형태
를 이루지 못한 채 에너지로
갇혀 있다.

나무나 쇠는 물질형태를 이루
었기에 일정한 모습을 보인다.

중앙 토 기운으로 하늘의 중심
중앙 토 기운으로 땅의 중심

ㅣ는 음양기운에서 중성으로
수를 부여하지 않음

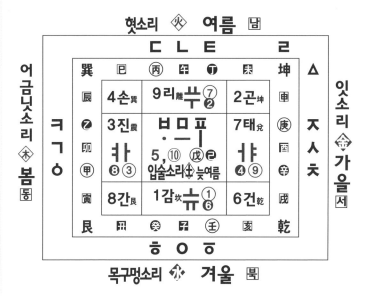

■ 가운뎃소리 – 하늘기운 [음양陰陽]

첫소리 – 땅기운 [강유剛柔]

첫소리는 하늘의 기운을 받아 땅에서 구체적인 말소리로 발음됨.

첫소리 가운뎃소리를 맞대 말해 보자. 가운뎃소리의 음양은 하늘의 이치다.
첫소리의 강유는 땅의 이치이다.
가운뎃소리는 하나가 깊으면 하나는 얕고, 하나가 닫히면 하나가 열리니,
이런 즉 음양이 나뉘고, 오행 기운이 갖춰지니 하늘의 작용이다.
첫소리는 어떤 것은 비고[목구멍소리], 어떤 것은 실하고[어금닛소리],
어떤 것은 날리고[혓소리], 어떤 것은 걸리고[잇소리],
어떤 것은 무겁고[순중음(脣重音)], 어떤 것은 가볍고 [순경음(脣輕音)],
이런즉슨 강하고 부드러운 것이 드러나서 여기에 오행의 바탕이 이루어진 것
이니 땅의 공이다.

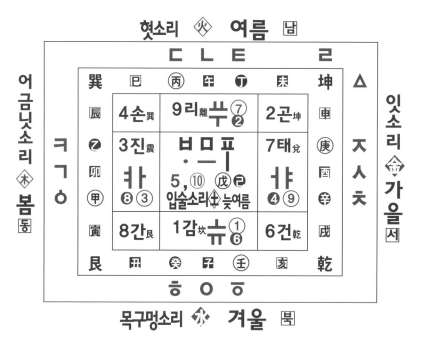

훈민정음 제자 풀이와 예

■ 글자 : 첫소리[음] + 가운뎃소리[양] + 끝소리[음]

가운뎃소리 : 오므라지고 펴지는 움직임으로 양

첫소리·끝소리 : 정해진(멈춘) 발음기관으로 음

가운뎃소리가 깊고 얕고 오므라지고 펴짐으로써 앞에서 소리 나고,
첫소리가 오음의 맑고 흐림으로써 뒤에서 화답하여,
첫소리가 되고 다시 끝소리가 된다.
또한, 이는 만물이 땅에서 처음 생겨나서, 다시 땅으로 돌아가는 것을 볼 수
있다.
첫소리·가운뎃소리·끝소리가 합해 이뤄진 글자를 말하면,
또한 움직임과 멈춤이 서로 간 뿌리가 되며 음양이 서로 바뀌는 뜻이 있다.
움직임[動]은 하늘, 멈춤[靜]은 땅, 동정을 겸한 것이 사람이다.

■ 오행

오행	목木	화火	토土	금金	수水
하늘의 운행	봄	여름	각 계절 끝	가을	겨울
땅의 바탕	동	남	중앙	서	북
사람 정신	인仁	례禮	신信	의義	지智
사람 신체	간장	심장	비장	폐장	신장

대개 오행이 하늘에서는 신[神, 우주]의 운행이며, 땅에서는 바탕을 이룸이
요, 사람에겐 인의예지신이 정신의 운행이요, 간·심·비·폐·신장이 [신체의] 바
탕을 이룸이다.

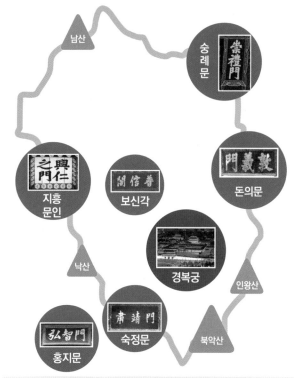

서울 4대문 [인의예지신]

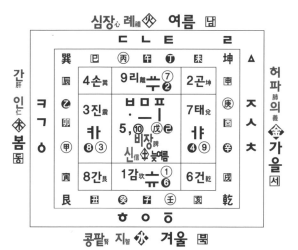

■ 오행 정리

5행	5방	4계	5궁	5관	5장	6부	5음	5성	훈민졍흠		5맛	5상
木	동	봄	청룡	눈	간장	쓸개	아牙	각角	ㄱㅋㆁ	ㅏ	신맛	인ㄷ
火	남	여름	주작	혀	심장	소장	설舌	치徵	ㄷㄴㅌㄹ	ㅗ	쓴맛	례禮
土	중앙	-	황룡	입	비장	위장	순脣	궁宮	ㅂㅁㅍ	ㆍㅣㅡ	단맛	신信
金	서	가을	백호	코	허파	대장	치齒	상商	ㅈㅅㅿㅊ	ㅑ	매움	의義
水	북	겨울	현무	귀	콩팥	방광	후喉	우羽	ㅎㅇㆆ	ㅠ	짠맛	지智

채근담菜根譚 **49편**篇

肝受病則目不能視[간수병즉목불능시]	간이 병들면 눈으로 볼 수 없게 되고
腎受病則耳不能聽[신수병즉이불능청]	콩팥이 병들면 귀로 들을 수 없게 된다.
病受於人所不見[병수어인소불견]	병은 사람의 볼 수 없는 곳에 들었지만,
必發於人所共見[필발어인소공견]	반드시 사람들이 볼 수 있는 곳에 나타난다.
故君子欲無得罪於昭昭[고군자욕무죄어소소]	고로 군자는 밝은 곳에 죄를 드러내지 않으려면
先無得罪於冥冥[선무득죄어명명]	먼저 보이지 않는 곳에서 죄를 짓지 말아야 한다.

■ 글자 천지인삼재 : 첫소리[하늘] – 가운뎃소리[사람] – 끝소리[땅]

첫소리는 발동發動의 뜻이 있으니 하늘의 일이요,
끝소리는 지정止定의 뜻이 있으니, 땅의 일이요,
가운뎃소리는 첫소리의 낳음을 잇고 끝소리의 이룸을 받으니 사람의 일이다.
대개 글자 소리의 중심은 가운뎃소리에 있으니, 첫소리 끝소리와 합하여 소리를 이룬다.
또한, 이것은 천지가 만물을 생성하나, 그것이 쓸모 있게 돕는 것은 반드시 사람에게 힘입음과 같다.

► 소리 중심이 가운뎃소리[사람]에 있다. – 한시의 운韻 참고

山中問答산중문답 이백(李白, 701~762) [ㅏ 운]

問余何事棲碧山[문여하사서벽산]	나한테 무엇 때문에 산속에 사느냐 하는데도
笑而不答心自閑[소이부답심자한]	웃으며 대답 않았지만 마음만은 그저 한가롭다.
桃花流水杳然去[도화유수묘연거]	복사꽃이 흐르는 냇물에 아득히 떠내려가니
別有天地非人間[별유천지비인간]	인간 세상이 아닌 별천지로다.

野雪야설 이양연(李亮淵, 1771[영조47]~1853[철종4]) [ㅓ 운]

穿雪野中去[천설야중거]	눈길 무릅쓰고 들길을 가도
不須胡亂行[불수호란행]	모름지기 어지럽게 가지 마라.
今朝我行跡[금조아행적]	오늘 아침 내 발자국이
遂爲後人程[수위후인정]	마침내 뒷사람의 이정표 될 것이니.

■ 글자 첫소리와 끝소리가 갈마드는 것을 사계절 변화에 견주고, 주역 건괘 괘사를 들어 변화의 무궁함을 강조하고 있다.

끝소리에 첫소리를 다시 쓰는 것은, 움직이는 양陽도 건乾이요, 멈추어 음陰인 것도 건이니,
건은 실로 음양으로 나뉜다고 하더라도 주재하지 않음이 없기 때문이다.

일원一元의 기氣가 두루 흘러 다하지 않고 사계절 운행이 돌고 돌아 끝이 없으므로,
정貞에서 다시 만물의 시초[元]가 되고, 겨울[貞]에서 다시 봄[元]이 된다.
첫소리가 다시 끝소리가 되고, 끝소리가 다시 첫소리가 됨도 또한 이와 같은 뜻이다.

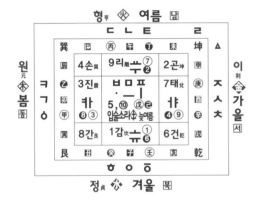

주역, 중천건☰ 원형이정　周易 重天乾 元亨利貞.
초구 잠룡물용　　　　　　　　　　初九 潛龍勿用.
구이 견룡재전 이견대인　九二 見龍在田,利見大人.
구삼 군자종일건건, 석척약, 려 무구.
　　　　　　　　九三 君子終日乾乾,夕惕若,厲 無咎.
구사 혹약재연, 무구.　　　九四 或躍在淵,無咎.
구오 비룡재천, 이견대인. 九五 飛龍在天,利見大人.
상구 항룡유회.　　　　　　上九 亢龍有悔.

■ 제자해 말미를 동양 최고 경전 『주역』의 수사법을 빌려 마무리 하고 있다.

아 아! 정음을 만드는데 천지 만물의 이치가 다 갖추어 졌으니,
그 참 신묘하구나! 이는 거의 하늘이
성군聖君[세종]의 마음을 열어, 그 손을 빌렸음이로다!

주역[계사상전 11章]

하늘이 신물[神物]을 내거늘 성인이 그것을 본받고,
천지[天地]가 변화하니 성인이 그것을 이어받으며,
하늘이 상[象]을 드리워 길흉을 드러내니 성인이 그것을 상象으로 삼았다.
또 하도[河圖]와 낙서[洛書]가 나와 성인이 그것을 본받았다 .

■ 제자해 결

제자해를 정리하면
천지조화는 본래 하나의 기운이니,
음양오행으로 서로 시작하고 끝나며,
음양 둘 사이의 만물에는 형체와 소리가 있는데
원래 근본이 둘 아니니 이치를 나타내는 하도수로 통한다.

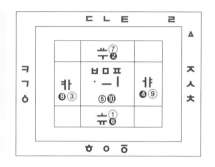

정음 글자를 만드는데 그 모양 중요시하고
말소리가 거세질 때마다 획을 더한다.
말소리는 어금니·혀·입술·이·목구멍에서 나니 이것이 첫소리 17자다.
어금닛소리는 혀뿌리가 목구멍을 막는 모습이고,
오직 업ㆁ는 욕ㅇ와 비슷하나 뜻을 취함이 다르다.
혓소리는 이어서 혀가 윗잇몸에 붙는 모양이고,
입술소리는 바로 입 모양을 그대로 취하며,
잇소리, 목구멍소리는 바로 이와 목구멍 모양을 취했으니,
이 다섯 가지 뜻만 알면 말소리에 저절로 환하리라.
또 반혓소리와 반잇소리도 있으니
모양 취함은 같으나 몸체는 다르다.
ㄴ, ㅁ, ㅅ, ㅇ는 소리가 거세지 않아
글자 배치에 차례는 비록 뒤이나 글자 상형의 시초다.

첫소리 발음기관 상형문자

4계절과 천지 만물의 조화로운 기운에 짝하여
5행과 5음에 못 어울림이 없다.
목구멍소리는 5행 수水인바, 겨울이요, 우羽음이며,
어금닛소리는 봄이고 5행 목木이며 그 음은 각角이고,
치徵음은 여름, 5행 화火니 바로 혓소리이며,
잇소리는 5음 상商이고, 가을이니 또 바로 5행 금金이고,
입술소리는 위치와 하도수에 본디 정함이 없으나
5행으로 늦여름에 토土로 5음 궁宮음이다.

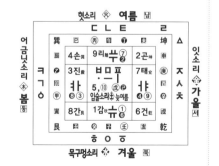

[회남자의 4시 5방 토]

말소리는 또 절로 맑은소리 탁한 소리가 있으니,
첫소리 발음에서 자세히 살피는 것이 중요하다.
전청음은 ㄱ, ㄷ, ㅂ요
ㅈ, ㅅ, ㆆ 또한 전청음이다.
ㅋ, ㅌ, ㅍ, ㅊ, ㅎ 같은 것들은
5음 중에 각 한 개씩이 차청음으로 된 것이며
전탁 소리엔 ㄲ, ㄸ, ㅃ에
또 ㅉ, ㅆ가 있고, 또 ㆅ라.
전청음을 나란히 쓰면 전탁음이 되나
오직 ㆅ만 ㅎ에서 나와 이와 다르다.
ㆁ, ㄴ, ㅁ, ㅇ 및 ㄹ, ㅿ는
그 소리가 불청음이고 또 불탁음이다 .

구분	아음	설음	순음	치음	후음	반설음	반치음
오행	목	화	토	금	수	화	금
전청	ㄱ君	ㄷ斗	ㅂ彆	ㅈ卽 ㅅ戌	ㆆ挹		
차청	ㅋ快	ㅌ吞	ㅍ漂	ㅊ侵	ㅎ虛		
전탁	ㄲ虯	ㄸ覃	ㅃ步	ㅉ慈 ㅆ邪	ㆅ洪		
불청불탁	ㆁ業	ㄴ那	ㅁ彌		ㅇ欲	ㄹ閭	ㅿ穰

ㅇ를 이어 쓰면 입술 가벼운 소리가 되어
목구멍소리가 많고 입술을 잠깐만 합한다.

순경음 ㅸ ㅹ ㆄ ㅱ

가운뎃소리 11자도 역시 모양을 본떴으나,
세밀한 뜻은 쉽게 볼 수 없으리라.
ㆍ는 하늘을 비유하고 소리가 가장 깊으며
　모양이 둥근 꼴인데 꼭 탄환같이 생겼다.
ㅡ 소리는 깊지도 또 얕지도 않으며
　그 모양의 평평함은 땅을 본떴음이라.
ㅣ는 사람이 서 있는 모양으로 그 소리는 얕으니
　천지인삼재의 도가 이같이 갖춰졌다.

ㆍ ㅡ ㅣ 천지인삼재 상형문자

ㅗ는 하늘[·]에서 나왔으면서도 오히려 닫히니,
하늘의 둥긂에 땅의 평평함이 합친 것을 본뜨고
ㅏ 또한 하늘[·]에서 나와 이미 열려있으니,
사물에 드러나되 사람[ㅣ]이 이룸이다.
처음 생겼다는 뜻으로 원점이 한 개이며,
하늘에서 나와 양이 되어 위와 밖에 놓인다.
ㅛ와 ㅑ는 사람[ㅣ]을 겸해 다시 나오니
두 원점 모양이 그 뜻을 나타낸다.
ㅜ, ㅓ, ㅠ, ㅕ가 땅[ㅡ]에서 나옴도
예를 든 것으로 저절로 알 터인데 굳이 뭐 하러 말하나?

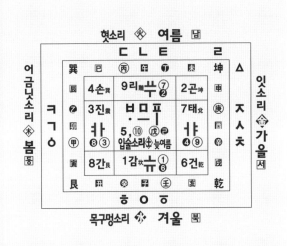

· 가 여덟 글자 소리를 꿰고 글자를 이루는 것은
하늘[·]의 작용이 골고루 흘러가는 바이다.
4성[ㅛ, ㅑ, ㅠ, ㅕ]이 사람을 겸함도 이유가 있으니,
사람[ㅣ]이 세상에서 가장 영적인 존재이기 때문이다.
또 첫소리·가운뎃소리·끝소리의 지극한 이치를 살피면,
[지상의] 강유와 [하늘의] 음양이 자연스러우니,
가운뎃소리는 하늘의 작용이라 음양으로 나뉘고
첫소리는 지상 인간의 공력이라 강유로 드러난다.

양陽[· ㅗ ㅏ ㅛ ㅑ]

음陰[ㅡ ㅜ ㅓ ㅠ ㅕ]

강剛[ㄱ ㅋ ㆁ ㄷ ㅌ ㄴ ㄹ]

유柔[ㅈ ㅊ ㅅ ㅿ ㆆ ㅎ ㅇ]

■ 3성[첫소리·가운뎃소리·끝소리]의 의미와 역할

가운뎃소리가 부르면 첫소리가 화답함은,
하늘[가운뎃소리]이 땅[첫소리]에 앞섬은 자연의 이치다.
첫소리가 화답하는데 끝소리 또한 화답하니,
만물이 태어났다가 다시 땅으로 모두 돌아감과 같다.
한 번 움직이고 한번 멈추는 것이 서로 그 뿌리가 됨이라.
첫소리엔 다시 발동의 뜻이 있으니
양의 움직임은 하늘이 주재함이요.
끝소리는 땅에 비유해 음의 조용함이니
글자 음이 이에서 그치어 정해진다.

[첫소리] 하늘 양陽 움직임

[가운뎃소리] 중성中性 사람의 도움

땅 음陰 멈춤 [끝소리]

가

강

글자 운을 이루는 요체는 가운뎃소리가 작용함에 있으니
사람만이 능히 천지의 마땅함을 돕기 때문이다.
양의 작용이 음에도 통하니
끝까지 펼쳐지면 다시 돌아간다.
첫소리[양]과 끝소리[음]이 비록 음양으로 달리 분류될지라도
끝소리에 쓰이는 첫소리의 뜻은 알 수 있다.
정음 글자 단지 28자지만
오묘하게 얽힌 심오한 낌새를 끝까지 탐구했음이다.
가르치고자 하는 뜻이 깊어 어려울 듯하나,
담을 마주한 듯한 까막눈 백성도 쉽게 가까이할 수 있으니
하늘이 주심이지, 어찌 기존의 지혜나 기교로 만들었을까?

사람 기운의 가운뎃소리가
하늘 양기를 가진 첫소리와
땅 음기를 가진 끝소리를
도와 글자의 마땅함을 이어간다.

알아야 면장兔牆을 하지
[원문] 근용近牖 : 담장에 가깝게 섬

■ 첫소리를 한자운서에서는 성모聲母라 한다.

정음의 첫소리는 곧 한자음 운서[사전]의 한 음절의 첫소리[성모聲母]다.
성음은 이로부터 비롯되므로 이르기를 모母라 한 것이다.
어금닛소리의 군자 첫소리는 ㄱ인데, ㄱ가 ㅜㄴ과 합하여 군이 되고,
쾌자 첫소리는 ㅋ이니, ㅋ와 ㅙ가 합하여 쾌가 되고,
뀨자 첫소리는 ㄲ이니, ㄲ와 ㅠ가 합하여 뀨가 되고,
업자 첫소리는 ㆁ인데 ㆁ가 ㅓㅂ과 합하여 업이 되는 따위이다.
혓소리의 둏[ㄷ], 튼[ㅌ], 땀[ㄸ], 낭[ㄴ],
입술소리의 볋[ㅂ], 푷[ㅍ], 뽕[ㅃ], 밍[ㅁ],
잇소리의 즉[ㅈ], 침[ㅊ], 쫑[ㅉ], 슗[ㅅ], 썅[ㅆ],
목구멍소리의 흡[ㆆ], 헝[ㅎ], 뽕[ㆅ], 욕[ㅇ],
반혓소리·반잇소리의 령[ㄹ], 샹[ㅿ]도 모두 이를 따른다.

운서에서는 첫소리를 성모[聲母]라 하고, – 군 [ㄱ]
가운뎃소리·끝소리를 운모[韻母]라 한다. – 군 [ㅜㄴ], 한시漢詩의 운韻
중국 운서[31, 35자모]를 정리한 동국정운[東國正韻]자모는 23자로
훈민정음 첫소리[ㄱ, ㅋ, ㄲ, ㆁ / ㄴ, ㄷ, ㅌ, ㄸ / ㅁ, ㅂ, ㅍ, ㅃ
／ ㅈ, ㅊ, ㅉ, ㅅ, ㅆ / ㅇ, ㅎ, ㆅ, ㆆ / ㄹ, ㅿ] 23자와 같다.

■ 첫소리 풀이 정리 [초성해 결]

첫소리 풀이를 정리하면
ㄱ, ㅋ, ㄲ, ㆁ 그 소리는 어금닛소리이고
혓소리는 ㄷ, ㅌ 및 ㄸ, ㄴ이며
ㅂ, ㅍ, ㅃ, ㅁ인즉 이것들은 입술소리이고
잇소리는 ㅈ, ㅊ, ㅉ, ㅅ, ㅆ이며

ㆆ, ㅎ, ㆅ, ㅇ는 곧 목구멍소리이고
ㄹ는 반설음이며, ㅿ는 반치음이다.
23자 이것이 글자의 성모聲母되니
온갖 소리 낼 때는 이로부터 난다.

가운뎃소리는, 자운[글자소리]의 가운데에 있으니 첫소리와 끝소리를 합하여 음을 이룬다.

가령 툰자의 가운뎃소리는 · 인데, · 가 ㅌ와 ㄴ 사이에 있어 툰이 되고, 즉자의 가운뎃소리는 곧 ㅡ인데, ㅡ는 ㅈ, ㄱ 사이에 놓여 즉이 되며, 침자의 가운뎃소리는 곧 ㅣ인데, ㅣ는 ㅊ, ㅁ 사이에 놓여 침이 되는 따위와 같다.

훙[ㅗ], 땀[ㅏ], 군[ㅜ], 업[ㅓ], 욕[ㅛ], 샹[ㅑ], 슗[ㅠ], 볋[ㅕ]도 모두 이를 따른다.

두 글자를 합하여 쓴 것은, ㅗ와 ㅏ는 함께 ·에서 나왔으므로 합하여 ㅘ가 되고,

ㅛ와 ㅑ는 또 함께 ㅣ에서 나왔으므로 합하여 ㆇ가 되고,

ㅜ와 ㅓ는 함께 ㅡ에서 나왔으므로 합하여 ㅝ가 되고,

ㅠ와 ㅕ는 또 함께 ㅣ에서 나왔으므로 합하여 ㆊ가 된다.

그것은 같은 이치로 나와 무리를 이루므로 서로 합하여도 어긋나지 않는다.

한 글자로 된 가운뎃소리가 ㅣ와 서로 어울린 것이 열 글자이니

ㅓ ㅢ ㅚ ㅐ ㅟ ㅔ ㆉ ㅒ ㆌ ㅖ가 이것이요,

두 글자로 된 가운뎃소리가 ㅣ와 서로 어울린 것은 넷이니 ㅙ ㅞ ㆈ ㆋ가 이것이다.

ㅣ가 깊고, 얕고, 닫히고, 열리는 소리에 두루 서로 따를 수 있는 것은, ㅣ 소리는 혀가 펴지고 소리가 얕아서 입을 여는 데 편하기 때문이다.

역시 사람[ㅣ]이 만물을 여는 데 참여하고 도와서 통하지 않는 바가 없음을 볼 수 있다.

■ 가운뎃소리 풀이 정리 [중성해 결]

가운뎃소리 풀이를 정리하면
가운뎃소리[韻母]의 음[韻]이 각각의 가운뎃소리에 있으니
모름지기 가운뎃소리의 여·닫힘을 살피라.
ㅗ, ㅏ 는 · 로 시작해 합용할 수 있고
ㅜ, ㅓ 는 ㅡ로 시작해 합용할 수 있으며
ㅛ에 ㅑ, ㅠ와 ㅕ는
제각기 쫓는 바 있으니 뜻을 미뤄 알리라 [ㅣ]
ㅣ의 쓰임이 가장 많은데
14 소리[ㅓ, ㅢ, ㅚ, ㅐ, ㅟ, ㅔ, ㆉ, ㅒ, ㆌ, ㅖ, ㅙ, ㅞ, ㆈ, ㆋ]에 두루 맞춰 따른다.

끝소리 풀이 [종성해]

■ 끝소리는 가운뎃소리를 이어받아 글자의 운韻을 이룬다.
　[첫소리 : 성모聲母, 가운뎃소리(가운뎃소리 +끝소리) : 운모韻母]

끝소리란 것은 첫소리와 가운뎃소리를 이어받아 자운字韻[글자의 운]을
이룬다.
가령 즉자 끝소리는 바로 ㄱ인데, ㄱ는 즈 끝에 놓여 즉이 되는 것과 같다.
뽕자의 끝소리는 ㅇ인데, ㅇ는 ㅎ의 끝에 놓여 뽕이 되는 따위와 같다.
혓소리(설음), 입술소리(순음), 잇소리(치음), 목구멍소리(후음)도 다 같다.

■ 끝소리의 맑고 흐림과 4성

소리의 느리고 빠르기의 다름이 있어,
평·상·거성은 그 끝소리가 입성의 빠름과 같지 않다.
불청불탁의 자는 그 소리가 거세지 않으므로,
끝소리로 쓰면 평성 상성 거성에 맞으며,
전청 차청 전탁의 자는 그 소리가 거세므로,
끝소리로 쓴즉슨 입성에 알맞다.
그래서 ㅇ ㄴ ㅁ ㅇ ㄹ ㅿ 여섯 자는
평성·상성·거성의 끝소리가 되고,
나머지는 다 입성의 끝소리가 된다.

불청불탁인 ㅇㄴㅁㅇㄹㅿ는 **평성·상성·거성**의 끝소리.

전청인 ㄱㄷㅂㅈㅅㅎ
차청인 ㅋㅌㅍㅊㅎ
전탁인 ㄲㄸㅃㅉㅆㅎㅎ는 **입성**의 끝소리. [빠르게 끝난다]

■ 8종성법과 첫소리 ㅇ의 발음

그러나 ㄱㅇㄷㄴㅂㅁㅅㄹ의 여덟 자만으로 쓸 수 있다.
가령 빗곶은 이화[梨花]가 되고, 엱의 갗은
호피[여우가죽, 狐皮]이나, ㅈ, ㅊ 구분 없이 ㅅ자로써
가히 통할 수 있으므로 오직 ㅅ자를 씀과 같다.
또 ㅇ는 소리가 맑고 비어서 끝소리로는 불필요해 가운뎃소리만으로
가히 음을 이룰 수 있다.

8종성가족용법

첫소리에선 ㅈ, ㅊ, ㅅ의 발음이 명확히 구분되나 끝소리에선
ㅅ자 하나로 족하다.

표기 : **셍죵엉졩훈민졍흠**　|　발음 : **셰종어제훈민정음**

ㄷ는 변[瞥별]이 되고, ㄴ는 군[君]이 되고,
ㅂ는 업[業]이 되고, ㅁ는 땀[覃]이 되고,
ㅅ는 우리말 ·옷[衣의]이고,
ㄹ는 우리말 :실[絲사]이 됨과 같은 따위다.

8종성 중에서도 'ㅅ, ㄹ'은 국어에만 쓰이고, 한자음에는 쓰이지 않으며,
6자[ㄱㅇㄷㄴㅂㅁ]만이 통용이 된다는 말이다. 현재 한자음도 6자[ㄱㅇㄷ
ㄴㅂㅁ]만 쓰이는데 다만 'ㄷ종성'이 ' ㄹ종성'으로 바뀐 것뿐이다.
[출전:1975 서병국, 신강 훈민정음 P40]

■ 전청은 불청불탁에 비해 빠르다[촉급하다].

5음의 느림과 빠름이 또한 각각 절로 대[對]가 되니, 가령 어금닛소리의 ㆁ와 ㄱ는 대가 되어
ㆁ를 빠르게[되게] 발음하면 곧 변하여 ㄱ가 되면서 급하고,
ㄱ를 느리게 내면 곧 변하여 ㆁ가 되어 느리다.
혓소리의 ㄴ, ㄷ 입술소리의 ㅁ, ㅂ
잇소리의 ㅿ, ㅅ 목구멍소리의 ㅇ, ㆆ도
그 느림과 빠름이 서로 대[對]가 됨이 또한 이와 같다.

5음	아	설	순	치	후
빠름(急)	ㄱ	ㄷ	ㅂ	ㅅ	ㆆ
느림(緩)	ㆁ	ㄴ	ㅁ	ㅿ	ㅇ

■ 중국운서 음가와 당시 우리 음가 차이 고민

또한 반혓소리의 ㄹ는 마땅히 우리말에나 쓸 것이요,
한자어 끝소리에는 쓸 수 없다.
가령 입성의 별[彆]자도
끝소리에 마땅히 ㄷ를 써야 할 것이나
속습俗習에 ㄹ로 읽으니,
대개 ㄷ가 변해 가볍게 된 것이다.
만약 ㄹ를 별자 끝소리로 쓰면 곧 그 소리가 느려 입성이 되지 않는다.

반포 당시 한자음 'ㄹ'종성이 운서에 입성으로 되어 있으니, 이는 운서에서 벗어나고, 그렇다고 'ㄷ종성'[입성]을 쓰면 그 당시 음가와 괴리[乖離]되나, 'ㄹ'는 'ㄷ'가 속변[俗變]한 것이므로 마땅히 'ㄷ'로 바로 잡아야 한다고 단정하고 있다. 한자음 'ㄹ종성'은 고대엔 'ㄷ'였는데, 중국도 남방[南方]을 제외하곤 거의 'ㆆ'로 바뀌었고, 국어는 예외 없이 'ㄹ'로 변하였다.
[출전 1975. 徐炳國 著 新講 訓民正音 p41]

이형보래[以影〈ㆆ〉補來〈ㄹ〉] : 중세 조선에서 중국 한자의 - t[ㄷ]계 입성 운미가 한국에서 - l[ㄹ]로 변화하자, 그것을 바로잡기 위해 'ㄹ' 다음 'ㆆ'를 표기. 훈민정음 해례본에는 등장하지 않으나, 동국정운에는 나타난다. [예 : 별[彆] ➡ 별 ➡ 볋]

■ 끝소리 풀이 정리 [종성해 결]

끝소리 풀이를 정리하면
불청불탁을 끝소리에 쓰면
평·상·거성은 되는데, 입성은 안 되며
전청·차청과 전탁은
이는 모두 입성이 되어 촉급하다.

첫소리로 끝소리를 만드는 이치는 꼭 그러하지만
다만 8자[ㄱㅇㄷㄴㅂㅁㅅㄹ]만 써도 궁하지 않다.

[한자어]오직 ㅇ소리가 해당하는 곳에는
가운뎃소리로 음을 이뤄 통할 수 있다.

즉자를 쓰려면 끝소리에 ㄱ를 쓰면 되고
훙볋 또한 ㅇ, ㄷ를 끝소리로 쓴다.
군, 업, 땀의 끝소리는 또 어떠할까?
이로써 ㄴ, ㅂ, ㅁ를 차례로 알 수 있으리.
6자 [ㄱㅇㄷㄴㅂㅁ]소리는 한자와 우리말에 통한다.

ㅅ, ㄹ는 우리말 옷과 실에 쓴다.

5음의 완급이 저절로 대가 되니,
ㄱ 소리는 이에 바로 ㅇ의 빠름이요,
ㄷ, ㅂ 소리가 느려지면 ㄴ, ㅁ라.
ㅿ, ㅇ 소리 역시 ㅅ, ㆆ의 대가 되며,

ㄹ 소리는 우리말에는 마땅하나 한자어에는 안 맞는다.
ㄷ 소리가 가볍게 ㄹ 소리 되니 지금 세상 관습이다.

불청불탁인 ㅇㄴㅁㅇㄹㅿ는 **평성·상성·거성**의 끝소리.

전청인 ㄱㄷㅂㅈㅅㆆ
차청인 ㅋㅌㅍㅊㅎ
전탁인 ㄲㄸㅃㅉㅆㆅ는 **입성**의 끝소리. [빠르게 끝난다]

8종성가족용법

첫소리에선 ㅈ, ㅊ, ㅅ의 발음이 명확히 구분되나 끝소리에선
ㅅ자 하나로 족하다.

표기 : 솅죵엉졩훈민졍픔 | 발음 : 셰종어제훈민정음

5음	아	설	순	치	후
빠름(急)	ㄱ	ㄷ	ㅂ	ㅅ	ㆆ
느림(緩)	ㆁ	ㄴ	ㅁ	ㅿ	ㅇ

이영보래[以影<ㆆ>補來<ㄹ>]

■ 첫소리 · 가운뎃소리 · 끝소리 위치 설명

첫소리·가운뎃소리·끝소리 세 소리가 합하여 글자를 이룬다.
첫소리는 혹은 가운뎃소리 위에 있고,
혹은 가운뎃소리 왼쪽에 있다.
가령 군[君]자의 ㄱ는 ㅜ자 위에 있고,
업[業]자의 ㅇ는 ㅓ자 왼쪽에 있는 따위와 같다.

가운뎃소리 즉 원점과 가로 획은
첫소리 아래 있으니,
· ㅡ ㅗ ㅛ ㅜ ㅠ가 이것이요,
세로획은 첫소리 오른쪽에 있으니,
ㅣ ㅏ ㅑ ㅓ ㅕ가 이것이다.
튼 자의 ·는 ㅌ의 아래에,
즉자의 ㅡ는 ㅈ의 아래에,
침자의 ㅣ는 ㅊ의 오른쪽에 있는 따위와 같다 .

끝소리는 첫소리·가운뎃소리 아래에 있다.
가령 군자의 ㄴ는 구 아래에,
업자의 ㅂ는 어 아래에 있는 따위와 같다.

■ 합용병서·각자병서

첫소리의 2자 3자 합용 병서는
가령 우리말의

·짜가 지[地]가 되고,
빡이 쌍[雙]이 되고
·뜸이 극[隙]이 되는 따위와 같다.

각자 병서는
가령 우리말

·혀가 설[舌]이 되는데,
·혀가 인[引]이 되고,
괴·여는 내가 남을 사랑함[我愛人]이 되는데,
괴·여는 남이 나를 사랑함[為人愛我]이 되고,
소·다[為覆物]는 엎지름이 되고,
쏘·다[為射之]는 과녁을 쏘다 따위와 같다.

가운뎃소리의 2자 3자 합용은
가령 우리말의

·과가 금주[琴柱]가 되고,
·홰가 거[炬]가 되는 따위와 같다.

끝소리의 2자 3자 합용은
가령 우리말

홁이 토[土]가 되고,
·낛이 작[釣]이 되며,
둛·빼가 유시[酉時]가 되는 따위와 같다.

그 합용 병서는 왼쪽으로부터 오른쪽으로 씀이
첫소리·가운뎃소리·끝소리 삼성이 다 같다.

	합용병서 서로 다른 글자를 가로로 나란히 쓰는 방법	각자병서 같은 글자를 가로로 나란히 쓰는 방법
첫소리	ㅅㄱ ㅅㄷ ㅅㅂ ㄹㄱ ㅅㄴ ㅅㄹ ㅁㅂ ㅁㅅ ㅁㄷ ㄴㅂ ㅂㅈ ㅂㄷ ㅅㄱ ㅅㅈ ㅅㅆ ㅅㅿ ㅂㄷ ㅂㅅ ㅂㅈ ㅂㄱ ㅂㄹ ㄹㄱ ㄹㅆ 싸 빡 뜸	ㄲ ㄸ ㄴㄴ ㅃ ㅆ ㅉ ㅇㅇ ㆅ ㆅ ᅇ ᄊ
가운뎃소리	ㅘ ㅝ ㅙ ㅞ ㅑ ㅒ ㅚ ㅕ ㅖ ㅠ 과 홰	
끝소리	ㄴㅅ ㄹㄱ ㄹㅁ ㄹㅂ ㄹㆆ 홁 낛 둛	

합자 풀이 [합자해]

■ 한자와 언문[우리말] 섞어 쓰기

한자와 우리말을 섞어 쓰는 데는 곧 자음字音에
따라서 가운뎃소리나 끝소리로써 보충하는 일이
있으니, 가령 공자孔子ㅣ 노魯ㅅ사:룸 따위와 같다.

보이중종성補以中終聲 : '공자孔子ㅣ'의 'ㅣ'는 주격조사로 한자 아래이므로 '지'가 되지 못하고, '子'아래에 'ㅣ'를 보(補)하였고, '노魯ㅅ사:룸'의 'ㅅ'는 '사이ㅅ'로서 소유격 '의'의 뜻이다. '사이ㅅ'는 훈민정음 국역본에서는 'ㄱㄷㅂ병ㅎㅅ', 용비어천가에서는 'ㄱㄷㅂㅿㅎㅅ' 등이 쓰였다.
[출전: 1975 서병국 著 신강 훈민정음 P43]

■ 사성[평·상·거·입성]

우리말의 평·상·거·입성은 활은 궁[弓]으로
그 소리는 평성이요, :돌은 석[石]으로 상성이요,
·갈은 도[刀]로 거성이요, 붇은 필[筆]이며 그 소리는 입성인 따위와 같다.

무릇 글자의 왼쪽에 한 점을 더하면 거성이요,
두 점을 더하면 상성이 되고, 점이 없으면 평성이 되는데, 한자의 입성은 거성과 서로 비슷하나,
우리말의 입성은 일정함이 없어서, 혹은 평성과
비슷하니, 긷이 주[柱]가 되고, 녑이 협[脅]이 됨과 같고,
혹은 상성과 비슷하니, :낟이 곡[穀]이 되고,
:깁이 증[繒]이 됨과 같으며, 혹은 거성과 비슷하니, ·몯이 정[釘]이 되고, ·입이 구[口]가 됨과
같은 따위이니, 그 점을 더함은 곧 평·상·거성과 같다.

평성(-)은 편안하고 부드러우니, 봄이라, 만물이 피어 태평함이요,
상성(:)은 부드러우며 일어나니, 여름이라, 만물이 점점 무성함이요,
거성(·)은 일어나 씩씩하니, 가을이라, 만물이 성숙함이요,
입성 (- :)은 빠르게 막히니, 겨울이라, 만물이 닫히고 갈무리 됨이라.

우리말의 종성만으로 성조를 설명하고 있다.

14 세기 경 이후 중국 북방 음의 입성이 소실되고 대부분이 거성으로 변해버린 사실을 말한다. (弊:변→ 볋, 戍 : 슈 → 슗) 동국정운식표기로는 이영보래以影(ㅎ)補來(ㄹ)한 데 대하여 앞에 언급하였다.

앞에서는 종성만 가지고 설명하였으나, 여기에서 당시 국어의 실태를 잘 말하고 있다 .
► '긷(柱)'과 '녑(脅)'은 성조[聲調]로 보아서는 평성(-)이나 받침(終聲)이 'ㄷ, ㅂ'이므로 평입성(平入聲),
► ':낟(穀)', ':깁(繒)'은 성조로 상성(:)이나 역시 종성이 입성이므로 상입성(上入聲),
► '·몯(釘)', '·입(口)'은 거성이나 또한 종성이 입성이므로 거입성(去入聲)이 된다.
► 곧 종성이 입성(ㄱㄷㅂ)이면 성조에 구애(拘礙)안 받으므로 '諺之入聲無㝱'이라 했다.

[출전: 1975 서병국 著 신강 훈민정음 P43]

여름
상성

가을
거성

봄
평성

입성
겨울

합자 풀이 [합자해]

■ ㆆ와 ㅇ

첫소리의 ㆆ와 ㅇ는 서로 비슷하여,
우리말에서는 통용할 수 있다.

ㆆ와 ㅇ는 비슷하여 우리말에서는 통용한다는 것은 ㆆ는 우리말 표기에 쓰지 않아도 족足하다는 뜻이다. 다만 한자음 표기에 있어서는 挹[흡], 音[음], 欲[욕], 喩[유]와 같이 분간하고 있으나, 의식적(意識的)인 표기에 불과한 것이었던 듯하다.
[출전:1975 서병국 著 신강 훈민정음 P44]

■ 반혓소리 ㄹ

반설음에도 경중의 두 음이 있다.
그러나 운서의 성모聲母 [첫소리]는 오직 하나요,
또 우리말에서는 비록 높낮이를 나누지 않더라도,
다 소리를 이룰 수 있으나,
만약 이를 갖추어 쓰려면,
곧 순경음 예에 따라,
ㅇ를 ㄹ아래에 이어 쓰면 반설 가벼운 음이 되며,
혀를 잠깐 윗잇몸에 붙인다.

국어의 ㄹ[r]는 음절초(音節初)에서는 [r], 음절말(音節末)에서는 [l]과 같이 소리 나는데, ᄙ[r, 반설경음半舌輕音], 리[r, 탄설음彈舌音], ᄙ[l, 설측음舌側音]로 구별할 수 있다. 반설경음은 실제 문헌에 사용례가 보이지 않으며, 발음 설명을 '설사부상악[舌乍附上腭]'이라고 하였으나, '반설중음[半舌重音]'에 대한 음가 설명은 없다.
[출전: 1975 서병국 著 신강 훈민정음 P44]

■ 모음 합용의 새 방식

· ㅡ가 ㅣ소리에서 일어나는 것은
우리말에는 사용이 없다.
어린이 말이나 변두리 시골말에 혹 있으니,
마땅히 두 자를 합하여 쓰되, ㄱ, ㄱ 따위와 같다.
먼저 세로 긋기 뒤에 가로 긋기가 다른 것과
같지가 않다.

모음 합용에 대하여 새 방식을 규정한 것이다 . 이제껏 규정은 자좌이우(自左而右)였는데, 대하여 자상이하(自上而下) 선종이횡(先縱後橫)이므로 여타부동(與他不同)이라고 한 것이다.
[출전: 1975 서병국 著 신강 훈민정음 P44]

■ 합자 풀이 정리 [합자해 결]

합자 풀이를 정리하면
첫소리는 가운뎃소리의 왼쪽이나 위에 있고,
ㆆ와 ㅇ는 우리말에서 서로 같이 쓰인다.
가운뎃소리 11자는 첫소리에 붙는데
ᆞ와 횡[ㅡ ㅗ ㅛ ㅜ ㅠ]은 아래에, 우측엔 종[ㅣ ㅏ ㅑ ㅓ ㅕ]을,
끝소리는 쓰려면 어디에 둘까?
첫소리를 쓰고 가운뎃소리 쓴 아래 잇대 쓴다.
첫소리·끝소리를 합쳐 쓸 때는 각각 나란히 쓴다.
가운뎃소리도 합쳐 쓰니 다 왼쪽부터 쓴다.
우리말에서 4성은 어떻게 구분할까?
평성은 [활]이요, 상성은 [:돌]이고,
[·갈]은 거성, [·붇]은 입성이 된다.

이 네 사물을 보아 다른 것도 알 수 있다.

소리는 글자 좌측 점에 따라 4성으로 구분하니
하나는 거성, 둘은 상성, 점이 없으면 평성이다.
우리말 입성은 정함은 없으나, 역시 점을 더하고
한자의 입성은 거성과 비슷하다.
각지방 말과 속된 말 등이 모두 같지 않고
소리는 내나 글자가 없어 써서 통하기 어렵더니
하루아침에
[임금의] 창제가 신의 조화 같아서,
우리나라 영원토록 어둠이 개었어라!

■ 첫소리, 가운뎃소리

첫소리

ㄱ는 :감(柿)이 되고, ·골(蘆)이 됨과 같으며,

ㅋ는 우·케(未舂稻)되고, 콩은(大豆)됨과 같고,

ㆁ는 러·울(獺)되고, 서·에(流澌)됨과 같다.

ㄷ는·뒤(茅)가 되고, ·담(墻)이 됨과 같으며,

ㅌ는 고·티(繭)가 되고, 두텁(蟾蜍)이 됨과 같으며,

ㄴ는 노로(獐)가 되고 납(猿)이 됨과 같다.

ㅂ는 불(臂)이 되고, :벌(蜂)이 됨과 같으며,

ㅍ는 ·파(葱)가 되고, ·풀(蠅)이 됨과 같으며,

ㅁ는 :뫼(山)가 되고, ·마(薯蕷)가 됨과 같고,

ㅸ는 사·비(蝦)가 되고 드·븨(瓠)가 됨과 같다.

ㅈ는 ·자(尺)가 되고 죠·히(紙)가 됨과 같으며,

ㅊ는 ·체(籭)가 되고 ·채(鞭)가 됨과 같다.

ㅅ는 ·손(手)이 되고, :셤(島)이 됨과 같다.

ㅎ는 ·부형(鵂鶹)이 되고 ·힘(筋)이 됨과 같으며,

ㅇ는 ·비육(鷄雛)이 되고, ·ᄇᆞ얌(蛇)이 됨과 같다.

ㄹ는 ·무뤼(雹)가 되고 어·름(氷)이 됨과 같고,

ㅿ는 아ᅀᆞ(弟)가 되고 :너싀(鴇)가 됨과 같다.

가운뎃소리

· 는 ·ᄐᆞᆨ(頤)이 되고, ·ᄑᆞᆺ(小豆)이 되고, ᄃᆞ리(橋)가 되고, ᄀᆞ래(楸)가 됨과 같고,

ㅡ는 ·믈(水)이 되고, ·발·측(跟)이 되고, 그력(鴈)이 되고, 드·레(汲器)가 됨과 같으며,

ㅣ는 ·깃(巢)이 되고, :밀(蠟)이 되며, ·피(稷)가 되고, ·키(箕)가 됨과 같다.

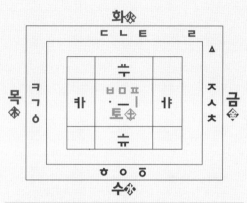

5행 : 목 ⇒ 화 ⇒ 토 ⇒ 금 ⇒ 수

기본 입술소리[ㅂ ㅍ ㅁ]에
입술 가벼운 소리[ㅸ] 추가

기본 목구멍소리[ㆆ ㅎ ㅇ]에서 ㆆ생략

■ 가운뎃소리, 끝소리

ㅗ는 ·논(水田)이, ·톱(鉅)이, 호·미(鉏)가 되고, 벼·로(硯)가 됨과 같고,

ㅏ는 ·밥(飯)이 되고, ·낟(鎌)이 되며, 이·아(綜)가 되고 사·슴(鹿)이 됨과 같다.

ㅜ는 숫(炭)이, ·울(籬)이 되며, 누·에(蚕)가 되고, 구·리(銅)됨과 같으며,

ㅓ는 브섭(竈)이 되고, :널(板)이 되며, 서·리(霜)가 되고, 버·들(柳)이 됨과 같다.

ㅛ는 :죵(奴)이 되고, ·고욤(梬)되고, ·쇼(牛)가 되며, 삽됴(蒼朮菜)가 됨과 같다.

ㅑ는 남샹(龜)이 되고 약(鼅䵷)이 되며, 다야(匜)가 되고, 쟈감(蕎麥皮)이 됨과 같다.

ㅠ는 율믜(薏苡)가 되고, 쥭(飯臬〈주걱초〉)이 되며, 슈룹(雨繖)이 되고, 쥬련(帨)이 됨과 같으며,

ㅕ는 ·엿(飴餹)이 되고, 뎔(佛寺)이 되며, 벼(稻)가 되고, :져비(燕)가 됨과 같다.

끝소리

ㄱ는 닥(楮)이 되고, 독(甕)이 됨과 같으며,

ㆁ는 :굼벙(蠐螬) 되고, 올창(蝌蚪)이 됨과 같고,

ㄷ는 ·갇(笠)이 되고, 싣(楓)이 됨과 같으며,

ㄴ는 ·신(屨)이 되고, ·반되(螢)가 됨과 같고,

ㅂ는 섭(薪)이 되고, ·굽(蹄)이 됨과 같으며,

ㅁ는 :범(虎)이 되고, :심(泉)이 됨과 같고,

ㅅ는 :잣(海松)이 되고, ·못(池)이 됨과 같으며,

ㄹ는 ·돌(月)이 되고, :별(星)이 됨과 같은 따위이다.

논 답[畓]자는 후세에 생긴 우리나라 식의 한자임을 알 수 있다.

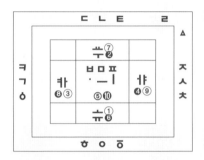

하도수 : 1·6수 2·7화 3·8목 4·9금 5·10토

삼재三才			하도수河圖數						
天천	地지	人인	생수生數				성수成數		
양	음		양		음		양		음
5	10		1	3	2	4	7	9	6	8
■	ㅡ	ㅣ	ㅗ	ㅏ	ㅜ	ㅓ	ㅛ	ㅑ	ㅠ	ㅕ
土토			水수	木목	火화	金금	火	金	水	木

8종성가족용법의 8개 끝소리만 언급

용자례 어휘
초성 17자 2어휘 34
중성 11자 4어휘 44
종성 8종성 2어휘 16
총 94어휘

정인지 서문

* 해례본 서두에 임금의 서문이 실렸기에 신하의 서문은 뒤에 실었다.

천지자연의 소리가 있으면, 곧 반드시 천지자연의 글이 있습니다.
그러므로 옛날 사람이 소리를 바탕으로 글자를 만들어,
만물의 뜻을 통하고, 삼재(천지인天地人)의 이치를 실었으니,
후세 사람들이 능히 글자를 바꿀 수가 없었습니다.
그러나 사방의 풍토가 다르고,
말소리의 기운도 따라서 다릅니다.

대개 중국 이외의 딴 나라 말은, 그 말소리에 맞는 글자가 없었습니다.
그래서 중국 글자를 빌려 소통하도록 하고 있는데, 이것은 마치 네모
난 호밋자루를 둥근 구멍에 끼우는 것과 같으니, 어찌 제대로
소통하는데 막힘이 없겠습니까? 중요한 것은 모든 것은 각각 처한 곳
에 따라 편안하게 할 것이지, 억지로 같게 하여서는 아니 될 것입니다.

방예원조方枘圓鑿 : 네모난 자루에 둥근 구멍, 사물이 서로 맞지 아니함

우리나라의 예악과 문장은 중국과 비길만합니다. 다만 우리의 방언이나 토속어가 중국과 같지 않을 뿐더러, 한자 배우는 이는 그 뜻을 깨닫기
어려움 걱정하고, 소송 사건을 다루는 관리는 자세한 사항을 이해하기가 어려움을 병으로 여기고 있었습니다.
옛날 신라의 설총 공께서 이두를 처음 만들어 관청과 민간에서 지금도 쓰고 있으나, 모두 한자를 빌려 쓰는 것이라, 혹은 껄끄럽고 혹은 막혀 답답합니다.
이두를 사용하는 것은 몹시 속되고 근거가 일정하지 않을뿐더러 실제 언어 사용에서는 그 만분의 일도 소통하지 못합니다.

계해년癸亥年 겨울[1443년 12월], 우리
임금께서 정음 28자를 창제하시어, 간략한 예와 뜻을 걸어 보이시며,
그 명칭을 『훈민정음』이라 하셨습니다.

[걸어 보이시며,]의 참 뜻

殿下創制正音二十八字。略揭例義以示之。名曰訓民正音。

①전하 창제殿下創制 : 『훈민정음』 창제자는 세종임금 이시다.

②정음 28자 正音二十八字 : 『훈민정음』은 28자다.

③약게례의이시略揭例義以示 : 간단히 걸어 놓고 보여주셨다.

　　　揭 : ① 들 게. 높이 듦. 고거[高擧]함.'게양揭揚'.

　　　　　② 걸 게. 게시함. 게첩[揭貼].

　　　　　③ 자원[字源] 갈曷은 걸다 뜻.

　　　　　수扌[手]를 더하여 높이 걸다.

　　　　　　[한한대자전漢韓大字典 2020 민중서림]

④之 : 『훈민정음』

⑤명왈『훈민정음』名曰訓民正音。 : 이름하여 『훈민정음』이라 했다

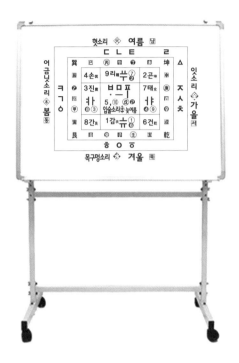

상형원리로 만들었으며 글자는 옛 '전자'를 모방
하였고, 말소리에 따라 만드셨는데,
(글자는) 음률의 일곱 가락에도 들어맞습니다.
삼재(하늘·땅·사람)와 이기(음양)의 묘한 어울림도 두루 갖추지 않은 것이 없으며,
28자로써 전환이 끝없어, 간단하면서도 요점을 잘 드러내고,
정밀한 뜻을 담으면서도 두루 통할 수 있습니다.

일곱가락[7조七調]
궁宮(ㅁ)·상商(ㅅ)·각角(ㄱ)·치徵(ㄴ)·우羽(ㅇ)·반상半商(△)·반치半徵(ㄹ)

중국 홍무정운洪武正韻
[明 태조 주원장, 1375년, 남경말과 북경말의 표준 공통음 제정]

[서문 발췌 해석문] 과 문체 비교
사람이 있으면 소리가 있고, 소리가 나면 7음을 구비하게 된다. 이른바 7음이란
아·설·순·치·후·반설·반치음을 말한다. 슬기로운 자가 관찰하면 청탁의 두 가지
원리와 궁·상·각·치·우, 그리고 반상·반치음까지 알게 된다. 천하에 모든 음흡이
다 여기에 속한다.[홍현보 著'언문' P248]

『훈민정음』 도식을 걸어 보이시며揭例義以示之

아마도 이런 제자해도를 걸고 설명하시지 않았을까?[편저자 추측]

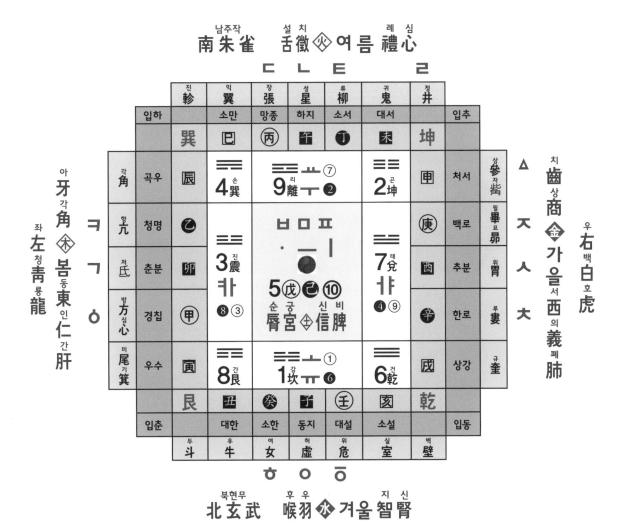

그러므로 슬기로운 사람은 하루아침을 마치기도 전에 깨달을 수 있고, 슬기롭지 못한 자라도 열흘이면 배울 수 있습니다. 이 글자로써 한문을 해석하면 그 뜻을 알 수 있고, 또한 이 글자로써 소송 사건을 다루면, 그 속사정을 이해할 수 있습니다.

하루아침을 마치기도 전에 깨달을 수 있고[不終朝而會],

- 회[會] : ⑧ 깨달을 회, 이해 함. 회득[會得] : 깨달음.
  [한한대자전漢韓大字典 2020 민중서림]

열흘이면 배울 수 있습니다[可浹旬而學].

- 협[浹] : ⑤ 일주 협, 한 바퀴 도는 일
  [한한대자전漢韓大字典 2020 민중서림]
- 순[旬] : 열흘 순, 10천간[갑 을 병 정 무 기 경 신 임 계]이 한 번 도는 기간

글자의 운으로는 맑고 흐린소리를 구별할 수 있고,
노랫가락으로는 음률을 명확하게 표현할 수 있습니다.
글을 사용하는데 갖추어지지 않은 바가 없으니,
어디를 가든 뜻을 두루 통하지 못하는 바가 없으며,
비록 바람 소리, 학 울음소리, 닭 울음소리, 개 짖는 소리라도
모두 적을 수 있습니다.
드디어

어디를 가든 뜻을 두루 통하지 못하는 바가 없으며 ⇒ 세계 공용어
자격, K팝의 위력

바람 소리, 학 울음소리, 닭 울음소리, 개 짖는 소리
[풍성학려 계명구폐 風聲鶴唳◦鷄鳴狗吠]라도 모두 적을 수 있다.

임금께서 상세한 풀이를 더하여 모든 백성들을
깨우치도록 명하셨습니다.

이에 신이 집현전 응교 신최항, 부교리 신박팽년,
신신숙주, 수찬 신성삼문, 돈령부주부 신강희안,
행집현전부수찬 신이개 및 신이선로 등과 더불어
삼가 여러 가지 풀이와 보기를 들어
훈민정흠 해례를 깔끔하게 서술하였습니다.

창제 당시[1443년] 세종 46세

집현전 직제			부교리(종5)	박팽년(1434문과급제26세)	하위지 31세
영전사(정1품)				신숙주(1439친시문과26세)	
대제학(정2)	정인지(1427문과장원47세)		수 찬(정6)	성삼문(1438식년문과25세)	송처검 ?세
제 학(종2)			부수찬(종6)	이선로(1438식년문과26세)	
부제학(정3)		최만리 45세		이 개(1436문과급제26세)	
직제학(종3)		신석조 36세	박 사(정7)		
직 전(정4)		김 문 44세	저 작(정8)		조 근 26세
응 교(종4)	최 항(1434문과장원34세)	정창손 41세	정 자(정9)		
교 리(정5)			돈령부주부	강희안(1441식년문과26세)	
			8학사		**상소(7인)**

대체로 보는 사람에게 스승이 없이도 스스로
깨우치도록 하였습니다. 그 깊은 근원과 정밀한
뜻은 신묘하여 신臣들이 감히 밝혀 보일 수 없습니다.
공손히 생각건대, 우리
전하는 하늘이 내신 성인으로서 지으신 법도와
베푸신 업적이 모든 왕을 뛰어넘으셨습니다.
정음 창제는 앞선 사람이 이룩한 것에 의한
것이 아니고, 자연 이치에 의한 것입니다.
참으로 그 지극한 이치가 아주 많으며, 사람의
힘으로 사사로이 한 것이 아닙니다. 무릇 동방에 우리나라
있음이 꽤 오래되었지만, 만물의 뜻을
깨달아 모든 일을 온전하게 이루는 큰 지혜는
오늘을 기다리고 있었습니다.

전하[殿下]를 높이기 위해 줄을 바꿔 쓴다.

정통 11년 9월 상순
자헌대부 예조판서 집현전 대제학 지춘추관사세자우빈객
신정인지는
두 손 모아 절하고 머리 조아려 삼가 씁니다.

훈민정음 訓民正音

정통 11년 : 1446년, 세종 28년, 명 영종明 英宗 (19세)의 연호(1436~1449)

상한上澣 : 상순上旬, 한 달의 1~10일,

한澣 : 빨래 할 한[관리에게 열흘마다 목욕 휴가를 주는 데서 유래]

자헌대부[정 2 품 문관]

예조판서[6 조의 하나로 예악·제사·향연·학교·과거를 관장하는 관청, 정2품관]

대제학[집현전 으뜸 벼슬인 정 2 품관]

지춘추관사[춘추관(역사기록)의 정 2 품관]

세자우빈객[세자 거처인 동궁의 정 2 품관]

조선 음양오행 건축의 진수 경회루 평면도

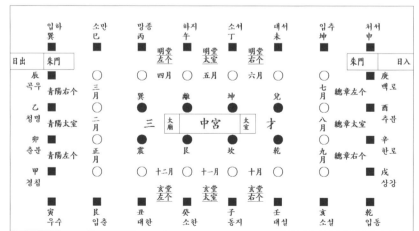

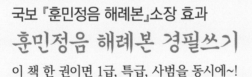

국보 『훈민정음 해례본』소장 효과
훈민정음 해례본 경필쓰기
이 책 한 권이면 1급, 특급, 사범을 동시에~!

- 엮음 : 박재성
- 판형 : 국배판(A4크기)
- 면수 : 260쪽
- 정가 : 값 23,000원
- ISBN 979-11-971940-8-5
- 발행 : 훈민정음(주) 발행
- 공급 : 사단법인 훈민정음기념사업회
- 내용문의 : ☎ 070-8846-2324

문화재 『훈민정음 언해본』소장 효과
훈민정음 언해본 경필쓰기
이 책 한 권이면 3급, 2급을 동시에~!

- 엮음 : 박재성
- 판형 : 국배판(A4크기)
- 면수 : 112쪽
- 정가 : 값 15,000원
- ISBN 979-11-971940-9-2
- 발행 : 훈민정음(주) 발행
- 공급 : 사단법인 훈민정음기념사업회
- 내용문의 : ☎ 070-8846-2324

육군사관학교 생도 필독 도서 선정!!
소설로 만나는 세종실록 속 훈민정음
이 책을 읽지 않고 훈민정음을 말하지 말라.

- 저자 : 박재성
- 판형 : 국판변형(135*195)
- 면수 : 190쪽
- 정가 : 값 13,000원
- ISBN : 979-11-971940-4-7
- 발행 : 훈민정음(주) 발행
- 공급 : 사단법인 훈민정음기념사업회
- 내용문의 : ☎ 070-8846-2324

훈민정음 해설사 필독도서!!
하늘·땅·사람 훈민정음
그림과 해설을 곁들여 훈민정음 창제 원리를 명쾌하게 파헤친 최고의 도서

- 엮음 : 강구인
- 판형 : 국배판(A4크기)
- 면수 : 120쪽
- 정가 : 값 15,000원
- ISBN : 979-11-971940-6-1
- 발행 : 훈민정음(주) 발행
- 공급 : 사단법인 훈민정음기념사업회
- 내용문의 : ☎ 070-8846-2324

🖋 훈민정음 경필쓰기 검정요강

1. **자격명칭** : 훈민정음 경필쓰기 검정

2. **자격종류** : 등록(비공인) 민간자격(제2022-002214호)

3. **자격등급** : 사범, 특급, 1급, 2급, 3급

4. **발급기관** : 사단법인 훈민정음기념사업회

    (문화체육관광부 소관 공익법인 제2021-0007호)

5. **검정일시** : 정기검정과 수시검정 시행(정기검정 일정은 본 법인 홈페이지 참조)

6. **검정방법** : 『훈민정음 경필 쓰기[훈민정음(주)]』 검정용 지정 도서에서 응시 희망 등급의 검정용 원고에 경필로 써서 사단법인 훈민정음기념사업회로 우편 등기 혹은 택배로 접수시키면 됨

7. **응시자격** : • 나이, 학력, 국적, 성별과는 무관하게 누구나 응시 가능
    • 단, 사범 응시자는 특급 합격자에 한하여 응시할 수 있음

8. **검정 범위 응시료 및 합격기준** :

급수	검정범위	응시료	합격기준
사범	훈민정음해례본전체(100)+실기(30)+훈민정음이론(20)	50,000원	총점의 70점 이상 취득자
특급	훈민정음 해례본 중 정인지 서문	30,000원	검정기준 총점의 60점 이상 취득자
1급	훈민정음 해례본 중 어제서문과 예의편	20,000원	
2급	훈민정음 언해본 중 예의편	15,000원	
3급	훈민정음 언해본 중 어제서문	10,000원	

9. **검정기준** : • 쓰기(필기규범 20점, 오자 유무 10점)
    • 필획(필법의 정확성 20점, 필획의 유연성 10점)
    • 결구(균형 15점, 조화 15점)
    • 창의(서체의 창의성 20점, 전체의 통일성 20점)

10. **시상기준** :

시상종류	급수	초등학생	중학생	고등학생	시상내용
세종대왕상	사범에 한함	90점 이상자 중 최고 득점자			매회 세종대왕상 및 장원급제의 장학금과 장원상 및 아원상의 상품은 훈민정음 평가원의 심의를 거쳐 정함.
장원급제	특급에 한함	90점 이상자 중 최고 득점자			
장원	1급	76점 이상	81점 이상	86점 이상	
	2급	76점 이상	81점 이상	86점 이상	
	3급	76점 이상	81점 이상	86점 이상	
아원	1급	71점 이상	76점 이상	81점 이상	
	2급	71점 이상	76점 이상	81점 이상	
	3급	71점 이상	76점 이상	81점 이상	

※ 세종대왕상 및 장원급제자의 장학증서와 장학금은 만 19세 미만의 초·중·고 학생에 한함

11. **응시회비입금처** : 새마을금고 9002-1998-5051-9
    (사단법인 훈민정음기념사업회)

12. **응시료 환불 규정** : 1) 접수 기간 내 ~ 접수 마감 후 7일까지 ☞ 100% 환급
    2) 접수 마감 8일 ~ 14일까지 ☞ 50% 환급
    3) 접수 마감 15일 ~ 검정 당일까지 ☞ 환급 불가

13. **검정원고접수처** : (16978) 용인특례시 기흥구 강남동로 6, 401호(그랜드프라자)

하늘땅사람 훈민졍픔 - 한글판

2022년 7월 11일 인쇄
2022년 7월 15일 발행

편 저 자 | 강구인
감   수 | 박재성
편집디자인 | 김미혜
펴 낸 이 | 문선영
펴 낸 곳 | 훈민정음주식회사
          경기도 용인시 기흥구 강남동로 6, 401호(그랜드프라자)
보 급 처 | 사단법인 훈민정음기념사업회
출판 등록 | 2020.9.24. 제2020-000102호
내용 문의 | 070-8846-2324

ISBN : 979-11-971940-2-3

정가 8,000원